"十四五"普通高等教育部委级规划教材
艺术疗愈基础理论与实践教程
国家级一流本科专业课程配套教材

艺术疗愈实践
生命教育十堂课

周彬　孙彧　黄昊玥　张菁　著

中国纺织出版社有限公司

内 容 提 要

本书系统梳理了生命教育的发展脉络，深入剖析心理学七大主流流派在生命教育体系中的理论基础与实践路径。本书以艺术为媒介，构建出全纳生命的理论体系，全面解析了生命教育在关系构建、情绪调节、压力缓解、自我认知、哀伤处理等关键领域的重要作用。书中聚焦于绘画、音乐、舞动、电影等核心艺术形式，深入探讨其独特的疗愈机制，并结合丰富而生动的实际案例，提供了切实可行的方法指导。本书为心理咨询、教育、社工、医疗及团体辅导等领域提供切实可行的应用方案。

本书兼具理论深度与实践价值，可作为心理学、教育学、社会学等专业人员的参考手册、高校生命教育课程的优质教材、艺术疗愈从业者的实用指南和个人成长与心理韧性提升的自助工具，适合追求专业发展的从业者、学术研究者，以及希望通过艺术探索自我、促进心理健康的普通读者阅读。

图书在版编目（CIP）数据

艺术疗愈实践：生命教育十堂课 / 周彬等著. --
北京：中国纺织出版社有限公司，2025. 7. --（"十四
五"普通高等教育部委级规划教材）（艺术疗愈基础理论
与实践教程）. -- ISBN 978-7-5229-2603-2

Ⅰ. B083

中国国家版本馆 CIP 数据核字第 2025BA9959 号

责任编辑：华长印　王安琪　　特约编辑：刘　超
责任校对：高　涵　　　　　　责任印制：王艳丽

中国纺织出版社有限公司出版发行
地址：北京市朝阳区百子湾东里A407号楼　邮政编码：100124
销售电话：010—67004422　传真：010—87155801
http://www.c-textilep.com
中国纺织出版社天猫旗舰店
官方微博 http://weibo.com/2119887771
天津千鹤文化传播有限公司印刷　各地新华书店经销
2025年7月第1版第1次印刷
开本：787×1092　1/16　印张：14.5
字数：220千字　定价：79.80元

总序

当今社会，随着生活节奏的加快和工作压力的增大，人们的心理健康问题日益凸显。艺术疗愈作为一种创新的治疗方法，逐渐受到广泛关注与认可。它融合了艺术与心理学的精髓，通过激发个体内在的创造力和表达能力，帮助人们解决情绪、心理和行为问题，提升生活质量。本书旨在将艺术作为媒介用于学校生命教育，在探讨生命教育的同时，践行艺术疗愈实践意义、目标及其实践路径，以期为相关领域的教育者和实践者提供参考与启示。

一、艺术疗愈的意义

艺术疗愈是一种以艺术为媒介的治疗方法，适用于各种身心障碍、压力、焦虑等问题。它通过绘画、音乐、舞动、写作、AI等艺术媒介，引导个体表达内心感受和情绪，促进情感发展和治疗进展。艺术疗愈不仅有助于缓解负面情绪，还能增强个体的自我认知和自信心，提升社会交往能力，实现心理成长和人格完善。

二、艺术疗愈实践教学的目标

1.促进个体心理健康与成长

情绪表达与释放：艺术疗愈通过创作过程，为个体提供了一个非语言的情绪表达途径，有助于他们安全地处理和释放内心的压力和焦虑、悲伤等负面情绪。

自我认知与理解：艺术创作鼓励个体深入探索内心世界，通过作品反映自己的思想、情感和价值观，从而增进自我认知和理解。

心理修复与疗愈：艺术作为一种治疗媒介，具有独特的疗愈力量，能够帮助个体应对心理创伤，缓解心理障碍，促进心理健康的恢复。

2. 丰富艺术教育内容与形式

跨学科融合：艺术疗愈实践教学将艺术与心理学、社会学、教育学、医学、设计学、人类学等多个学科相结合，打破了传统艺术教育的界限，丰富了艺术教育的内涵和外延。

创新教学方法：通过艺术疗愈的方式进行教学，教师能够采用更加灵活多样的教学方法和手段，激发学生的学习兴趣和创造力，拓展审美力，提高教学效果。

3. 推动社会文化的多样性与包容性

促进文化交流：艺术疗愈实践教学鼓励学生创作具有个人特色的艺术作品，这些作品不仅反映了个体的内心世界，也传递了不同文化背景下的思想和情感，促进了文化的交流与融合。

增强社会包容性：艺术疗愈关注个体的独特性和差异性，强调每个人都有表达自己的权利和价值。这种理念有助于构建一个更加包容、多元的社会环境。

4. 培养创造力与思辨思维

激发创造力：艺术创作本身就是一个充满创意和想象的过程。艺术疗愈实践教学鼓励学生自由发挥、勇于创新，培养了他们的创造力和想象力。

发展思辨思维：通过分析和讨论自己的艺术作品以及他人的作品，学生能够学会从不同角度审视问题、评价作品，从而发展出思辨思维。

5. 提升职业竞争力与就业能力

跨学科能力：具备艺术疗愈实践经验的学生，在求职市场上具有更强的跨学科能力，能够适应多种工作环境和需求。

创新能力：创新是现代社会发展的重要驱动力。艺术疗愈实践教学培养出的创新能力，使学生在工作中能够不断提出新想法、解决新问题，为企业和组织创造更多价值。

三、艺术疗愈实践教学的实践路径

1.建立专业的师资队伍

艺术疗愈实践教学需要由具备专业知识和技能的教师来承担。这些教师需要掌握艺术、心理学以及治疗技巧等方面的知识，能够为学生提供有效的指导和支持。

2.选择合适的艺术形式

不同的艺术形式适用于不同的问题与议题。因此，在教学过程中，教师需要根据学生的具体情况选择合适的艺术形式，如绘画、音乐、舞蹈等。

3.注重个性化教学

每个学生都是独一无二的，他们的需求和发展议题也各不相同。因此，艺术疗愈实践教学需要注重个性化，根据学生的情况制定个性化的疗愈方案。

4.营造良好的教学氛围

艺术疗愈需要一个安全、舒适、自由的创作环境。在教学过程中，教师需要努力营造这样的氛围，让学生能够自由地表达自己的创意和想法。

5.及时评估和调整教学效果

艺术疗愈的教学效果需要及时评估和调整。教师可以通过观察学生的艺术作品和表现，定期与学生进行讨论并收集反馈，并根据学生的反馈和自我评估来调整教学计划。

艺术疗愈实践教学的意义深远且多维度，它不仅关乎促进个体心理健康，还涉及艺术教育、跨学科融合以及社会文化的丰富性等多个层面。未来，随着艺术疗愈理论的不断发展和完善，我们有理由相信，艺术疗愈实践教学将在更广泛的领域发挥更大的作用，为人类的心理健康事业贡献更多的力量。

著者

2024年9月

推荐序一

作为一名关注健康生活方式，关注身心灵成长的产科医生，我每天都会面对和陪伴孕期妈妈和她们的家庭一起迎接新生命的到来。在陪伴新生命到来的过程中，会观察到孕妈妈的原生家庭、养育环境、教育背景、成长经历、性格特点，还有近期的夫妻关系、母女关系、婆媳关系、同事关系、上下级关系等，以及多子女家庭在亲子关系上出现的各种问题，能够看到缺乏生命教育的代际传递，比如有条件的爱、原生家庭的创伤、沟通模式，还有缺乏对健康生活方式的认知、学习和践行，本质上也是缺乏对生命的尊重的体现，比如缺乏健康饮食观念，超重、肥胖和低体重等等，没有运动习惯导致的肩颈腰背等问题……还有家庭对新生命的期许，会面临"你觉得什么样的生命值得活在世上，值得全家为他/她付出时间、精力、体力和财力？"的艰难的生命伦理问题。

工作中经常会遇到诸如生化妊娠、胚胎停育、胎儿畸形流产，甚至足月胎死腹中、新生儿夭折等情况，我们对此统称为胎儿丢失。那么面对这样的负面事件、急性应激事件，有的女性会向外求助，有的向内求，更多的是把哀伤、抑郁、焦虑这些负面情绪掩盖起来，去寻求外界的确定性，拼命查找原因，拼命治疗……基于这样的问题，我们邀请了艺术疗愈、心理咨询专家进行合作，为胎儿丢失哀伤的人群进行艺术疗愈，以团体授课的方式，用艺术或音乐等表达性创作形式，为这些在经历哀伤的女性和家庭提供心理疗愈支持。通过艺术形式帮助个体进行自我探索，以及内在情绪的释放和表达，从而促进心理健康。通过艺术疗愈项目的有效推进，我们看到接受疗愈的哀伤女性开始发现自我、尊重生命、尊重自然、回归生活。作为医生，我们在这个过程中也慢慢地了解何为艺术疗愈，如何引导和调整参与者产生积极的心理状态，改善生活和自我成长，如何在生命教育中进行实施并起效。

我经常会困惑于如此浩瀚的生命教育理（观）念，如此广博的心理学知识，如此多样的艺术疗愈方式，又有如此多的潜在受众，如此多变复杂的情况，到底能够如何广泛地推广艺术疗愈和生命教育这件事情呢？在拜读本书《艺术疗愈实践——生命教育十堂课》之后，我眼前一亮，心里洋溢出暖暖的幸福感，给众多存在负面情绪、内心创伤的，甚至焦虑、抑郁的人群带来新的窗口和希望！本书系统地阐述了艺术疗愈、心理学知识和生命教育的理论及实践，是人生不可或缺的教育内容。真心希望本书能够成为在学校、职场、医院各种场合的工具书，希望以艺术疗愈为媒介的生命教育可以进入千家万户，并可以影响到我们的下一代。我在默默祝福着，若干年后的我，如果一直还在接诊孕妈妈们，她们都接受过生命教育、有健康和积极的生活方式，有艺术疗愈体验并得到帮助，那该是多么美好的画面啊！

北京协和医院妇产科马良坤

2025 年 5 月

推荐序二

上海古树公园有一棵千年银杏，每到季节变更，我就去那里转转，看它在时间节奏里改变的模样。让我印象深刻的，是它在季节中变换色彩的树叶，更是它身上留有的无数斑驳的伤口，以及在时间中把伤口包裹起来，又重新长成的笔直模样。

我惊叹于古树的修复能力和它经历风霜之后依然向往蓝天的姿态。或许在漫长的时间里，治愈和修复已经成了它的生命习惯。

那我们人呢，是否也能做到不断治愈生命在各种关系中遭逢的伤痛，在孤独中保持自己的丰富，在挫折和压力中保持生命的某种韧性并在不断突破之后成长；担起生命的责任，在爱与被爱中拥有并发挥爱的能力；有勇气直面自己的情绪和情感，并找到释放的出口，从而展示生命的自由和喜悦？

答案是肯定的。救赎和养育自身精神的力量，并不来自外部，而是来自内心。周彬老师及其团队所著的这本《艺术疗愈实践——生命教育十堂课》，用十次疗愈生命的课堂，帮助我们认识自己、理解自己、疗愈自己，手把手教我们，成为自己的道路，也成为自己渡河的撑篙人。

每一次生命的郁结和疼痛，都是自我成长的机会和时刻。那些哀伤和忧愁不过是生命天空中飘来的几朵乌云，而乌云背后才是生命最应该沐浴的万丈光芒。

　　所有的生命都是共通的，它是树的习惯，也是人的本能。祝愿每个人都能成为那棵银杏树，长出支撑起自己的辅树，也能包裹和消化掉那些伤疤和创口，让生命在时间里越来越枝繁叶茂，越来越动人。

　　是为序。

王鑫
2025年6月

前言

　　之所以开启以艺为介的生命成长教育探索，源于众所周知的2020年那场全世界公共卫生危机。危机让世界各国、各行各业都开始重新审视生命存在的意义以及如何努力在自己的生活里找到属于自己的人生意义。作为高校教师，长期在一线与学生工作，特殊时间、特定环境下，传统的课堂讲解、问卷诊断、理论灌输等方式显现出局限与无力，当我们面对大量的学生心理困惑和矛盾时，我们如何破解？在经历了文案收集和无数次研讨后，我们团队的首届"以艺为媒·以美为介——2022艺术疗愈国际研讨会"孕育而生，将艺术视为媒介服务学校心理健康教育的种子开始生根发芽，"技艺交融·沁润心灵——2023艺术疗愈国际研讨会"汇集了78家高校，32场主旨报告，22场工作坊，表明艺术疗愈已在高校开启了研究、教学、实践、探索、创新之路。

　　2024年，第三届艺术疗愈国际研讨会以"遇见·愈见"为主题，来自美国、奥地利、日本、韩国、澳大利亚等国际专家和全国150余位专家学者共襄盛会、对话专研前沿并深度参与丰富的疗愈工作坊体验。期间开设了11场主题报告、2场圆桌论坛、17场工作坊，还一并开展了"遇见文字·愈见智慧"读者见面会，内容丰富，精彩纷呈，旨在为艺术疗愈领域的专家、学者搭建了对话交流的公共平台，推动相关专研理论成果分享和实践思维碰撞，开启了艺术疗愈的创新、创业、创造新传奇。

1

研究方法

文献研究法：通过查阅和分析已有文献，了解生命教育与艺术疗愈两个研究领域进展的理论和观点。

调查分析法：通过问卷调查、访谈等形式，收集和分析大量数据，用于描述和分析两个学术群体研究特征、参与人员态度、行为等。尤其是当今大学生对生命教育课程内容的需求的调查，为本课程的研发提供了研发基础。

实证研究法：通过实证数据来验证艺术疗愈课程的有效性，同时探究艺术作为媒介，寻求艺术疗愈的客观规律。从情感宣泄与表达、自我认知与探索、身心放松与舒缓、社交互动与支持、康复与心理治疗五个方面强调数据收集和分析的客观性、科学性。

跨学科研究法：运用心理学、艺术学、医学、教育学、思想政治教育学等多个学科的理论、方法和成果从整体上开发研究，强调不同学科之间的交叉和融合。

实践范围界定

艺术疗愈是融合人文、艺术、心理、技术的新型学科，由表达性艺术治疗发展而来。虽然艺术疗愈近年来得到社会的广泛关注，但在学校教育教学活动中，缺少对艺术疗愈理论和技术的系统梳理与总结，本书是作为"艺术疗愈基础理论与实践教程"的系列丛书之一，在《艺术疗愈概论》的基础上，以案例教学的写作手法，较详细地研发出一套适合学校心理教学特点的艺术疗愈课程，通过场景洞悉、场景创造、场景迭代等技术手段，将音乐、绘画、舞动、戏剧、虚拟现实（VR）、增强现实（AR）融合心理学理论与技术，构建咨询师与学生共育的疗愈空间，增强心理疗愈效果、重塑体验形态、激发全纳疗愈模式，帮助学生在场景中提升自主探索、构建认知结构、感受人文关怀、促进身心健康。

本书着重将以生命教育为主线，通过将艺术教学（或艺术活动）作为生命教育的媒介，在科普心理学相关知识的同时，发挥艺术疗愈的非语言特质，营造出安全的教学环境和松弛的心理空间，调动学生的五感六觉，在学生聆听、触摸、创作、觉察、理解、顿悟、悦纳、成长的过程中，促进与学生心灵和灵魂的交流，达成育人之目标。

著者

2025 年 5 月

目录

导论
艺术疗愈与生命教育

生命教育最早于20世纪60年代被正式提出并进行教育实践，然后由大洋洲、欧洲扩展至世界各地。本书综合分析和考察各类文献和生命教育实践，对世界各国生命教育进行梳理。

生命教育的源起

生命教育可追溯到1903年法国生物学家埃黎耶·梅奇尼科夫（Elie Metchnikoff）提出的死亡学（Thanatology）概念和1928年起在美国开始的"死亡教育"研究。1928年，约翰·C.杰伯哈特（John C. Gebhart）发表了一篇对美国丧礼及殡仪馆进行评价的文章，开死亡教育研究之先声；1940年，希尔维亚·安东尼（Sylvia Anthony）著书探讨儿童的死亡概念；20世纪50年代，美国出现"死亡觉醒运动"；此后，赫尔曼·费飞尔（Herman Feifel）于1959年出版第一部死亡教育著作《死亡的意义》（*The Meaning of Death*）。"死亡教育"逐渐演变成为一门教育学分支学科，后来进一步发展为"生死教育"。

"生命教育"一词原本是美国在20世纪60年代针对社会中的吸毒、自杀、他杀、性危机等危害生命的现象而提出的，雏形是死亡教育。在美国社会的现实背景和在死亡教育不断拓展和深入的基础上，美国社会出现了种种反生命和消解生命的现象，是生命教育提出和发展的社会根源。几乎在同时代，日本学者谷口雅春出版的《生命的实相》一书中强调生命教育的重要性，谷口雅春认为，人们从出生到死，往往一生都在为了生存而挣扎，为了家庭、事业、爱情、身体健康、朋友、生意、权力等奔波劳碌。然而，当人们在年老面临死亡时，才会意识到自己所追求的一切都变得虚幻不实，进而对生命的意义产生怀疑。他认为了解自己真实生命的内涵，探索生命的最终极奥秘，是生命存在的最根本目的，但遗憾的是他没有明确提出生命教育的概念。

生命教育真正在学校中实践，是1968年杰·唐纳·华特士（J.D.Waiters）在美国加州北部内华达山脚下创建"阿南达智慧生活学校"（Ananda Living Wisdom School），华特士提出"生活即是学习，生命是一种体验"，在学校里人人都致力于探索蕴涵在生命教育中的原则，并遵循这些原则来生活。1986年，华特士拓展了学校教育的内涵，认为教育是融书本学习和人生体验于一体的过程，"孩子们所学习的是如何生活在这个世界上，而不只是如何找到一份工作或从事何种职业；他们必须懂得如何明智、快乐而且成功地生活，而不违背自己内在的需求；当然，更不会执著于金钱和权力。"基于这个论点，美国开始了生命教育的发展历程，随后被世界各地学者认同并得以迅速发展。

国外生命教育发展历程

国外生命教育发展的历程时间轴如图1所示。

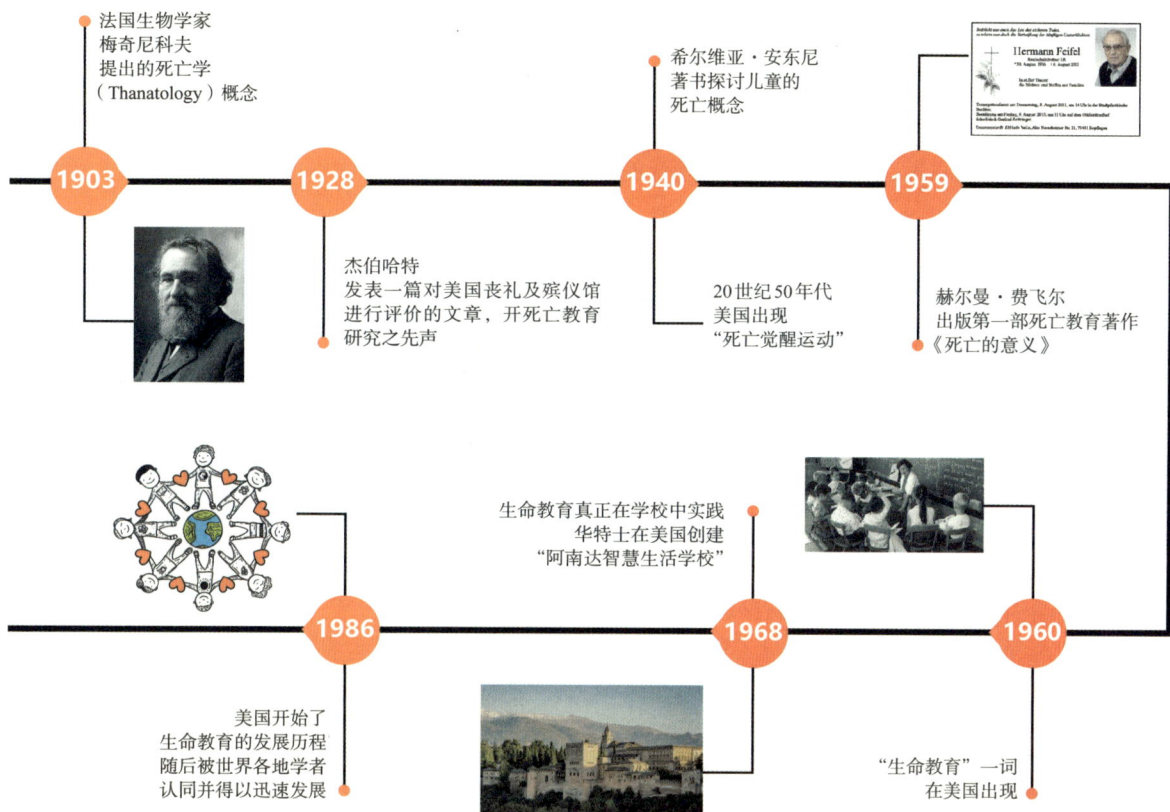

法国生物学家
梅奇尼科夫
提出的死亡学
（Thanatology）概念

1903

1928

杰伯哈特
发表一篇对美国丧礼及殡仪馆
进行评价的文章，开死亡教育
研究之先声

希尔维亚·安东尼
著书探讨儿童的
死亡概念

1940

20世纪50年代
美国出现
"死亡觉醒运动"

1959

赫尔曼·费飞尔
出版第一部死亡教育著作
《死亡的意义》

生命教育真正在学校中实践
华特士在美国创建
"阿南达智慧生活学校"

1986

美国开始了
生命教育的发展历程
随后被世界各地学者
认同并得以迅速发展

1968

1960

"生命教育"一词
在美国出现

图1　国外生命教育发展的历程时间轴

英国生命教育

1765年约瑟夫·普里斯特利（Joseph Priestly）发表《论一种旨在文明而积极生活的自由教育课程》文章，标志着生命教育思想的出现，之后英国生命教育至今大致经历了三个阶段，即萌芽阶段、跨领域课程阶段和正式课程阶段。

萌芽阶段：约瑟夫·普里斯特利的《论一种旨在文明而积极生活的自由教育课程》一文被视为生命教育思想在英国的萌芽，它提出了关注个体全面发展和自由教育的理念，为后来的生命教育奠定了理论基础。

跨领域课程阶段：随着时间的推移，生命教育的理念逐渐得到了更多的关注和认同。英国的 PSHCE 计划开始实践生命教育理念，主要是在幼儿园和小学阶段进行健康、药物（包括毒品防治）和生活选择等方面的教育。1986年威尔士王子访问澳洲之后，在英联邦14个地方都建立了沿袭澳洲生命教育中心的慈善性机构。到了1990年，英国政府将经济和工业的认识、公民教育、健康教育、生涯教育、环境教育等学科规定为跨领域课程，这标志着政府和教育部门开始重视生命教育。在这个阶段，生命教育不再是单一学科的内容，而是跨越了多个学科领域，形成了综合性的课程体系。

正式课程阶段：进入21世纪后，生命教育的地位得到了进一步的提升。1997年英国工党上台执政后，推动公民教育成为必修课程，这标志着生命教育正式被纳入国家和学校的正规教育课程。在这个阶段，生命教育的内容更加丰富和全面，涵盖了生命起源、生命意义、心理健康教育、安全教育、道德教育等多个方面。同时，生命教育的教学方法也更加多样化和灵活化并注重学生的实践体验。

总的来说，从《论一种旨在文明而积极生活的自由教育课程》发表至今，英国的生命教育经历了从理论到实践、从单一到综合、从非正式到正式的发展历程。这一历程反映了人们对生命教育的认识和需求不断提高，也体现了教育领域对生命教育的重视和推动。

瑞典生命教育

瑞典认为他们的生命教育有百年历史并引以为豪。这是由于瑞典著名女教育家爱伦·凯（Ellen Key）的《儿童的世纪》（*The Century of the Child*）最初在1900年由瑞典斯德哥尔摩的一家出版社出版。该书在1913年出了第二版，对初版的材料作了更换，并做了修改。1925年3月，商务印书馆出版了该书的中文版。书中弘扬以儿童为幸福、以儿童为本位的教育观念，这似乎与现代生命教育是吻合的。瑞典的生命教育以态度开明、融入日常生活、强调安全教育、尊重生命和引导思考生命意义为特点，为孩子的成长提供了全面而深入的教育。一方面，瑞典的生命教育不仅是学校教育的一部分，还融入日常生活中，家长和社会都会积极参与其中，让孩子在成长过程中逐渐认识到生命的价值和意义。另一方面，瑞典是一个安全事故发生率极低的国家，这得益于其长期重视国民生命安全的教育。瑞典政府在法律、教育层面奠定了良好的安全基础，投入了大量的人力和物力对国民和青少年进行长期、定期的安全教育。这使得瑞典的孩子在成长过程中能够充分认识到安全的重要性，掌握基本的安全知识和技能。同时，瑞典的生命教育注重尊重生命，在教育过程中，孩子会学习到生命的多样性和珍贵性，懂得尊重他人的生命和权利。这种尊重生命的态度不仅体现在人与人之间，也体现在人与动物、人与环境之间。

德国生命教育

德国哲学家海德格尔"向死而生"的理念对生命教育产生了深远影响。这种哲学思想强调从死的角度看待生命，突出有限生命存在的最高意义，引导学生珍惜生命、积极生活。

德国生命教育的发展历程可以追溯到第二次世界大战后的社会重建时期，其发展历程大致可以分为以下几个阶段。

战后重建与社会反思阶段：第二次世界大战后，德国经历了巨大的社会变革和道德重建。战争残酷的现实让德国人开始反思生命的价值和意义，同时也认识到了教育在塑造社会道德和公民意识中的重要性。这一时期，德国开始重视道德教育，并在教育中强调尊重生命、同情弱者和保护环境的价值观。这些观念逐渐渗透到生命教育中，为后来的发展奠定了基础。

生命教育概念的融合与发展阶段：德国的生命教育虽然没有明确提出这一概念，但将生命教育这一概念与道德教育融合在一起，体现在德国中小学的公民及道德教育中，内容主要包括反对暴力、同情弱者、保护环境等。

生命教育内容的丰富与拓展阶段：随着社会的发展和人们对生命教育的认识不断加深，德国生命教育的内容逐渐丰富。除了传统的道德教育内容外，还增加了心理健康教育、安全教育、环保教育等内容。在教育方法上，德国生命教育注重实践体验和参与，通过社会实践活动、角色扮演、情景模拟等方式，让学生亲身感受生命的意义和价值。

生命教育在学校的普及与推广阶段：德国政府和教育部门对生命教育给予了高度重视，将其纳入学校教育的正规课程。在中小学阶段，生命教育成为必修课程之一，得到了广泛的普及和推广。德国对生命教育的理解已经逐步发展到了全纳生命教育的阶段，不仅有"死亡的准备教育"和"性教育"，还包括"道德教育""环保教育"等，重在引导人们以坦然、明智的态度面对死神的挑战，注重学生的全面发展，旨在通过多元化、跨学科的教学内容，帮助学生树立正确的生命观、价值观和道德观，培养具有责任感、爱心和创新能力的人才。在课程实施过程中，德国生命教育以课堂教学为主渠道，通过学科渗透的方式，辅之以社会实践活动，在不同学科和不同形式的教学中体现。

德国生命教育的内容相当丰富和全面，主要包括以下几个方面。

①生命起源与生物教育：教授生命的起源和发展，使学生了解生命的本质和生命的价值。通过生物学课程，介绍生物多样性和生态平衡，强调人类对自然的尊重和保护。

②死亡教育：引导学生正视死亡，理解死亡是生命的一部分，并接受死亡作为生命的终结。通过死亡教育，让学生思考生命的意义，珍惜生命，积极生活。

③心理健康教育：关注学生的心理健康，提供心理辅导和咨询服务，帮助学生解决心理问题。教授应对压力、焦虑、抑郁等情绪的方法，培养学生的心理素质和抗压能力。

④安全教育：教授交通安全、消防安全、食品安全等基本知识，培养学生的安全意识和自我保护能力。通过模拟演练和实践活动，让学生掌握应对突发事件的技能和方法。

⑤道德教育：强调道德在生命教育中的重要性，引导学生树立正确的价值观和道德观。教授善良、诚实、尊重、包容等道德品质，培养学生的道德情感和道德行为。

⑥环保教育：教授环境保护的重要性，引导学生关注环境问题，培养环保意识。通过实践活动，如垃圾分类、植树造林等，让学生亲身参与环保行动。

⑦性教育：提供关于身体发育、性健康、性别认同等方面的知识，帮助学生了解自己的身体和性健康。强调性教育的重要性，帮助学生建立正确的性观念，预防性侵犯和性骚扰。

⑧生命意义与人生规划：引导学生思考生命的意义和价值，帮助学生认识自己、了解社会、规划未来。通过人生规划教育，让学生明确自己的人生目标，为实现梦想而努力。

美国生命教育

美国生命教育的历程可以追溯到20世纪早期，1928年，杰伯哈特发表了一篇关于美国丧礼及殡仪馆评价的文章，这是美国早期对死亡现象进行学术研究的开始。随后，安东尼在1940年著书探讨儿童的死亡概念，为生命教育的发展奠定了基础。20世纪50年代，美国出现了"死亡觉醒运动"，使人们更加关注死亡和生命的意义。费飞尔于1959年出版了第一部死亡教育著作《死亡的意义》，这标志着死亡教育逐渐演变成为一门教育学分支学科。1963年，罗伯特·富尔顿（Robert Fulton）在明尼苏达州开设了大学第一门正规的死亡教育课程，进一步推动了死亡教育的发展。1970年，第一次死亡教育研讨会在明尼苏达州的哈姆莱大学举行。1976年美国成立了死亡教育与咨商协会，还进行"死亡教育师"和"悲伤咨商师"认证。1977年，美国《死亡教育》杂志创刊，列温顿（Leviton）在首期刊文中将死亡教育定义为"向社会大众传达适当的死亡相关知识，并因此造成人们在态度和行为上有所转变的一种持续的过程"。

20世纪90年代，美国中小学生命教育已基本普及。目前美国生命教育大致分为人格教育、生命挑战教育、情绪管理教育三类。从实践来看，美国生命教育方式灵活，如通过互联网及电子传媒推动，还有Life Skill Ministry等专门训练青少年生活技能的机构。

进入21世纪后，美国生命教育进一步深化和发展。学校和社会各界更加重视生命教育的实施和推广，不断探索新的教育方法和途径。例如，通过社会实践、志愿服务、心理咨询等方式，让学生更加深入地体验和感悟生命的意义和价值。同时，生命教育也逐渐与其他学科相融合，形成了跨学科的教育模式。

日本生命教育

日本的生命教育可以追溯到1964年谷口雅春出版《生命的实相》。1989年日本新版《教学大纲》明确提出以尊重人的精神和对生命的敬畏之观念来定位道德教育的目标。日本教育界还提出"余裕教育"理念，试图将学生从应试教育中彻底解放出来，以寓教于乐的方式恢复孩子天真烂漫的本性，让他们学会如何做人。"余裕教育"的口号是"热爱生命，选择坚强"，旨在让青少年认识生命的美好和重要，能面对并承受挫折，更加热爱生命、珍惜生命。他们认为，热爱生命的主要内容之一，是要求人与自然和谐相处，并热爱其他生命。为此，他们鼓励学生经常到牧场、农庄体验生活，甚至建议把中小学体验农村生活变为"必修课"。

澳大利亚生命教育

澳大利亚的生命教育主要起源于反毒品。1974年，针对当时青少年吸毒并致死这一社会问题，牧师泰德·诺夫斯（Ted Noffs）正式提出"生命教育"（Life Education）的概念，并于1979年在悉尼成立"生命教育中心"，协助学校进行反毒品教育。该中心后来发展成一个国际性机构，成为联合国的"非政府组织"（NGO）中的一员。该中心认为，对青少年开展"生命教育"，培养他们积极、健康、向上的人生观，创设一个健康的生活环境，是防患于未然之道。如今，澳大利亚中小学普遍设有生命教育中心，有详细的生命教育目标。

俄罗斯生命教育

俄罗斯的生命教育是与安全教育紧密联系在一起的，其特点主要体现在政府重视、法律保障、目标明确、内容丰富、形式多样、理论联系实际、各方有效合作等方面。1991年俄罗斯联邦教育部颁发《253号决议》，规定自1991年9月1日起在普通教育机构的2、3、6、7、10和11年级开设生命安全基础知识课程；1994年，俄罗斯教育部建议在普通教育机构1~11年级全部开设生命安全基础知识课程；2003年，新修订的《俄罗斯普通教育国家标准》把生命安全基础知识课程作为必修课程。这种递进式的教学方式能够根据学生的年龄和认知水平制定相应的教学内容和方法，从而更好地促进学生的发展。

新西兰生命教育

新西兰的生命教育是从非政府组织开始的。1988年，新西兰成立非营利性机构"生命教育（计划）"，次年得到时任总理大卫·兰奇（David Lange）的签署认可，并在全国范围内推广。该组织致力于"教会学生认识到世界、个人与其他人的奇妙之处，指引他们充分认识和发挥自己的潜能"。经过多年教育实践，该组织已经探索出一套较为成熟的课程模式，涵盖五个方面：自尊、社会交往、人体构造、食物及其营养以及物质认识。新西兰还有专门的生命教育基金会，服务对象是5~12岁的学生，课程包括校内和回家功课，重点是如何"照顾身体"。

世界各国学术界、教育和医学实践界、社会团体组织以及政府教育部门不断互动，以生命为本，诠释生命意义、追问生命价值、探求教育本质、寻找教育支撑，共同推动了生命教育的持续发展。

我国生命教育发展历程

我国生命教育的发展历程可以大致分为以下几个阶段（图2）。

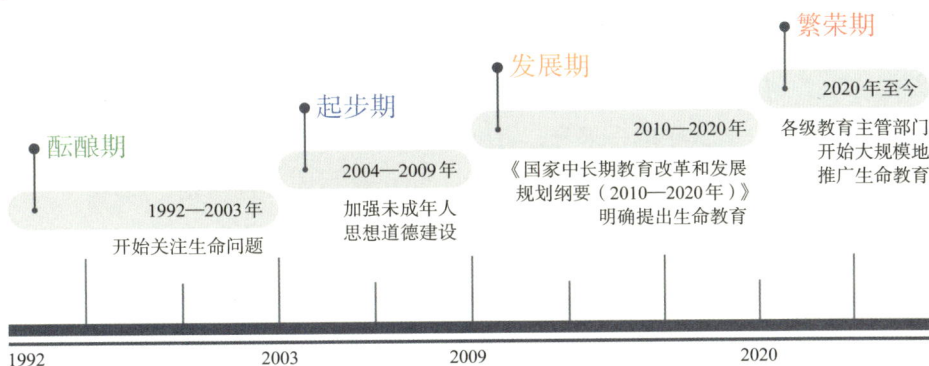

图2　我国生命教育发展历程阶段时间轴

①酝酿期（1992—2003年）：在这一阶段，人们开始关注生命问题，包括救助、安全、心理健康教育等。有关生命的教育、本真教育的探索逐渐兴起。

②起步期（2004—2009年）：随着对生命教育认识的加深，人们开始加强未成年人思想道德建设，将生命教育纳入更广泛的领域，包括安全教育、生理教育、道德教育、三观教育、三生教育等。

③发展期（2010—2020年）：在这一阶段，生命教育得到了更为广泛的关注。2010年，《国家中长期教育改革和发展规划纲要（2010—2020年）》明确提出生命教育，强调有关生命的教育，遵循生命的教育，将生命教育视为教育的本质。这一时期，生命教育得到了迅速的发展，不仅在教育界得到了广泛的推广，而且在社会各界得到了高度的关注。

④繁荣期（2020年至今）：我国生命教育得到了进一步的推动和发展。公共卫生安全为全社会敲响了警钟，社会对学生生命健康教育的需求越来越迫切。各级教育主管部门开始大规模地推广生命教育，许多省市都颁布了有关生命教育的指导性文件。

2021年教育部发布的《关于加强学生心理健康管理工作的通知》强调要注重安排形式多样的生命教育、挫折教育，培养学生珍视生命、热爱生活的心理品质，增强学生的责任感和使命感。同时，要求增强学校、家庭和社会教育合力，共同促进孩子健康成长。

2021年8月教育部等五部门发布的《关于全面加强和改进新时代学校卫生与健康教育工作的意见》中，强调要开展生命教育、亲情教育，增强学生尊重生命、珍爱生命意识。并要求加大人才培养力度，培养健康教育师资，规定到2022年配备专（兼）职心理健康工作人员的中小学校比例达到80%，到2030年达到90%。

《国家中长期教育改革和发展规划纲要（2010—2020年）》提出，要在素质教育的基础上，加强思想品德、文化素质、卫生与健康、实践能力、劳动教育等方面的教育，培养健康的人格和高素质的人力资源。生命教育作为其中的一部分，得到了重视。

《中小学生心理健康教育指导纲要》（2020年新版）也强调，要实现全面、协调、可持续的发展，注重学生心理发展的各个阶段、各个方面，注重生命教育、人际交往教育、情感管理教育、良好交友教育等方面的培养。

教育部拟定的新规中，要求学校要树立以生命关怀为核心的教育理念，形成各学段有机衔接、循序递进和全面系统的教育内容体系，充分利用青春期教育、安全教育、心理教育、健康教育等专题教育，开展灵活多样的教育教学活动，引导学生热爱生命、尊重生命，树立积极的人生观。

值得一提的是，我国港台地区在生命教育方面也有较早的探索和实践。20世纪末，港台地区就提出了生命教育的概念与愿景，并颁布了一系列生命教育的教学课程。这些经验和做法对于我国内地生命教育的发展也起到了积极的推动作用。

香港地区的生命教育起源于1994年成立的"生活教育活动计划"慈善组织，该组织旨在为学生提供正面的、系统的药物教育课程，协助预防药物滥用。随着青少年问题严重、功利主义弥漫等社会问题的出现，生命教育在香港逐渐受到重视。香港地区教育部门和学校都很重视生命教育，目前，香港地区的中小学大部分都设有生命教育课程，教导孩子如何认识生命、理解生存的意义，启发孩子们如何对待自己、家人和朋友。

台湾地区的生命教育最早由民间团体于1976年从日本引入，主要由社会民间团体主动参与并逐步推广。1997年台湾地区教育部门成立"生命教育推广中心"，组织有关专家、学校规划《生命教育实施计划》，设计生命教育课程、编写教材、培训师资等，自1998年开始对中学生实施，并得到各级中等学校和一批大学专家学者的积极响应。为推动生命教育的全面实施，台湾地区教育部门于2000年宣布设立"学校生命教育专案小组"，同年又正式成立"生命教育推动委员会"，规定2001年为台湾地区的"生命教育年"，发布"生命教育先导计划"。

尽管我国生命教育已经取得了一定的成果，但仍然存在一些问题和挑战。例如，一些学校对生命教育的重视程度不够，教学内容和方法相对单一，缺乏针对性和实效性。此外，社会对于生命教育的认识也存在一定的偏差，一些人认为生命教育只是关注学生的生命安全，而忽略了对学生精神层面和道德层面的培养。因此，未来我国生命教育的发展还需要在以下几个方面进行加强和改进：第一，提高学校对生命教育的重视程度，将生命教育纳入学校教育的整体规划中；第二，丰富生命教育的内容和形式，注重学生的情感体验和实践能力；第三，加强生命教育的师资培训，提高教师的专业素养和教育能力；第四，加强社会对于生命教育的认识和理解，形成全社会共同关注生命教育的良好氛围。

综上所述，国外生命教育发展历程具有以下特点：第一，国外关于生命教育的研究起步早，形成了相对完整的研究体系和实践模式，归纳了有关生命教育的理论、内容、对策等。第二，国外从政府、社会、学校、家庭等构成相对完善的教育网络框架，培育出良好的教育环境，全力支持生命教育的延伸。第三，多元化的生命教育方式、路径与课程教学、实践有机结合。因此，国外很多学者基于多个视角阐述的生命教育理论、方法和经验成果都非常值得借鉴。

国内有关生命教育的研究，具有以下特点：第一，国家政策日趋完善，无论是国家发展战略还是教育体制改革，都体现出生命教育的重要性与严峻性。第二，对生命教育理论研究越来越重视，在约30年的时间里，我国有关生命教育的研究已然成果丰硕，尤其在各大高校，课堂与课外活动中已然融入生命教育内容，并涌现出一批专家学者。在综合性医院、安宁养护医院、殡葬行业，也开启了全纳生命教育的研究与实践。第三，在借鉴国外生命教育的同时，进一步利用传统文化资源，为我国生命教育研究提供更加本土化的理论依据（图3）。

艺术疗愈与生命教育的作用与联结

艺术疗愈与生命教育之间是紧密而复杂的关系。艺术疗愈表面呈现的艺术活动，实质是一种心理治疗过程，主要针对健康或者亚健康人群，也包括受到精神伤害或有心理困扰的患者。它是建立在心理理论基础之上，通过艺术的创造性过程改善参与者的生理、心理和情绪

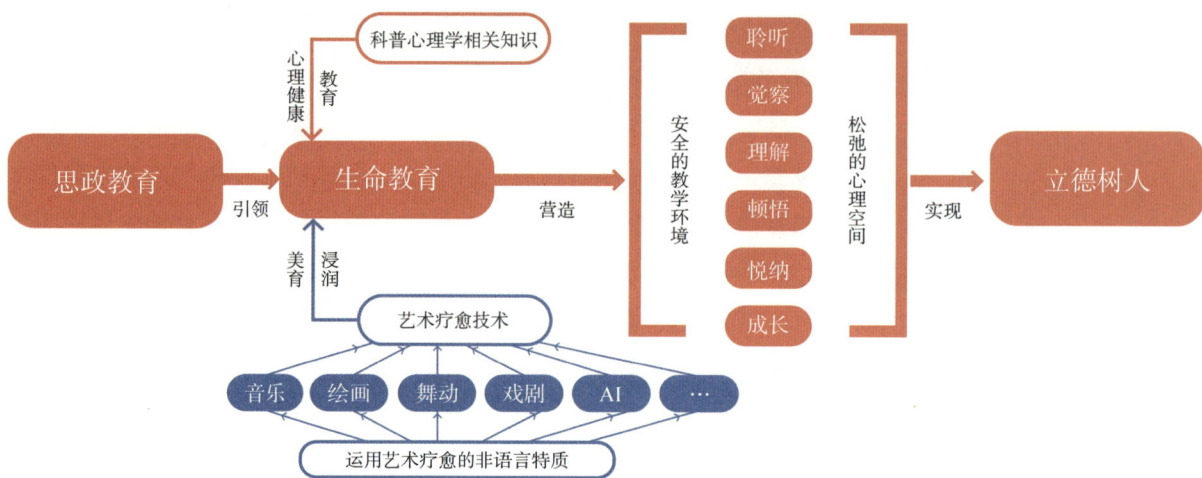

图3　生命教育十堂课课程目标

健康状态。艺术作品的呈现形式以视觉、听觉艺术形式为主，包括戏剧、电影、增强现实等表演艺术。艺术疗愈师通过让参与者自我表达的过程和产生的艺术作品，帮助患者理解情感冲突、增加自我意识、管理行为、减压、培养社交技巧及增强自尊心。

生命教育是指教育过程中对生命进行探究、实践和教导的一种教育，旨在促进个体对生命的认识、尊重、保护和追求。生命教育包括两个层面：第一个层面是认识生命、珍惜生命、尊重生命、热爱生命；第二个层面是指在生命历程中的重要问题，主要包括生命与自我、生命与社会、生命与自然的和谐关系。生命教育不仅教会青少年珍爱生命，更要启发他们完整理解生命的意义，积极创造生命的价值。

艺术疗愈在生命教育中的作用

艺术疗愈作为一种跨学科的心理干预手段，在生命教育中扮演着重要角色，其作用不仅体现在情感释放与心理修复层面，更深入生命认知、价值构建及社会关系重塑等多个领域。其核心作用可归纳为以下五个维度。

第一，促进情感表达与自我认知。

艺术疗愈通过非语言媒介（如绘画、音乐、舞动、戏剧、AI等）为个体提供安全的情感宣泄通道，帮助人们直面内心冲突。

①创伤修复：艺术家周春芽在2008年汶川地震后，发起并成立了"五彩基金"，这是国内首个由艺术家担任主要发起人的慈善基金。该基金旨在通过艺术教育帮助地震致残的学生进行心理康复，培养他们

的艺术技能，帮助他们重新树立对生活的信心，肢体残缺的创伤转化为艺术表达的勇气。

②自我觉察：同济大学周彬、隋歆老师自2023年开始，不断推出《对话·生命》原创沉浸式艺术疗愈音乐会，借助音乐（器乐、声乐）、身体舞动、冥想、绘画、空间疗愈等多种艺术手段，为参与者营造一个心灵疗愈的场所，通过多感官体验引导参与者觉察潜意识中的情感模式，激励其在纷繁复杂的生活中寻得心灵的平和与力量。上海艺仓美术馆的"能量转换·阿布拉莫维奇"展览通过调动人的五感，以身体作为媒介，引导参与者在与艺术作品的互动中回归感知体验，获得深度情感共鸣。

③生命叙事：北京师范大学陆晓娅老师自2012年起开设"影像中的生死课"，选取了《时间规划局》《小猪教室》《阳光小美女》等中外优秀电影，搭建与"生死"相关重大议题的思考平台。课程跨越心理学、社会学、医学、人类学、伦理学、哲学、美学等多个学科，在观影、阅读和讨论的多重对话中，协助学生探索生命存在的意义和价值，建构自身的生命意识和生命价值观。

第二，增强抗逆力与心理韧性。

艺术疗愈通过创造性活动培养个体应对逆境的能力，尤其适用于青少年生命教育。

①压力转化：南京原生艺术家郭海平老师通过"生命绘画"为精神障碍患者提供了一种独特的艺术疗愈方式，帮助他们表达内心世界并实现自我疗愈。郭海平在2006年主动"住进"南京祖堂山精神病院，建立了临时画室，探索艺术对精神障碍患者的疗愈作用。2014年，在南京市残联的支持下，先后在建邺区和鼓楼区的社区康养中心创办了原生艺术工作室。为精神障碍患者提供了一个自由表达的空间，帮助他们在创作中实现自我疗愈。郭海平认为，通过艺术创作，患者可以更好地认识自己的内心世界，找到属于自己的表达方式，以帮助患者重建与社会的联系，为他们提供一种"温柔的避风港湾"。原生艺术的书籍，如《癫狂的艺术：中国精神病人艺术报告》《我病故我在》等，不仅记录了他的艺术实践，也为公众提供了了解精神障碍患者内心世界的机会。

②集体赋能：同济大学姚玉红教授团队集体开设的"生命的省思"课程，从学生日常生活和成长困惑切入，采用案例分析、课题辩论、艺术疗愈等多种方式，引导学生思考生命的意义、传承、孤独、亲密、死亡等议题，回应学生的生命困顿，受到广大学生的好评，目前已完

成8轮线下授课，同步推出三版线上慕课，出版教材《你好，生命》，成为同济大学"网红课"。

③文化锚点：2022年起同济大学的艺术疗愈课程将传统非遗技法与心理分析相结合，帮助学生从民族文化符号（如敦煌壁画、皮影制作掐丝珐琅工艺、苏绣、上海海派剪纸）中汲取民族、民俗的精神力量，形成文化认同与生命韧性的双重滋养。

第三，构建社会连接与共情能力。

艺术疗愈在群体层面促进社会关系的修复与重构，呼应生命教育中的"共同体意识"。

①代际对话：2024年，同济大学艺术与传媒学院利用学生寒暑假社会实践契机，组织"百城百行 百乡百味 百工百匠"特色专项实践启动仪式，以线上线下相结合的方式，鼓励学生通过镜头纪录城乡变化、民俗民风、艺人匠人的传承等。特别需要强调的是"聚焦技艺交融，'愈'见对话心灵"，将艺术作为特定方式和方法挖掘、转化城市社区与乡土社会中的艺术资源、文化意蕴，关切技术、艺术在生活周边的交融荟萃实践，着力提升城市和乡村公共空间的文化内涵和美学品质，聚焦样例研究和实践探索在技艺交融、空间设计、品牌传播、疗愈实践、社群交往等方向展开专项实践，开展相关社会服务和社会调查。

②特殊群体融入：针对听障学生的戏剧疗愈活动，以肢体语言替代口头表达打破沟通壁垒。例如，通过触觉感知非洲鼓的振动频率，建立非听觉维度的艺术对话。上海艺助行公益促进中心（简称艺助行）是一家致力通过非遗技艺与艺术，帮助弱势群体提升自立能力，推动社会理解与包容性，激发社会正能量的公益组织。经过多年的探索和社会各界的支持下，积极培养残障人士的非遗传承人队伍建设，鼓励他们参与非遗进校园、社区文化建设、艺起疗愈、乡村振兴等公益项目。艺助行在帮扶残障人士实现灵活增收的同时更关注他们的心理问题，为其提供心理康复支持。为帮助到更多弱势群体，艺助行聚集了以非遗传承人、艺术家、心理咨询师、志愿者等资源平台。以非遗技艺赋能，艺术疗愈心灵的助残助老模式，赢得了业界的广泛认可，2017年荣获上海十佳公益项目，发起人程丽女士获"2017CCTV中国创业榜样"唯一公益奖；上海体育学院马古兰丹姆老师自2016年起，带领团队开展自闭症儿童舞蹈治疗项目。该项目通过舞蹈治疗的方式，帮助自闭症儿童改善社交能力、身体素质和模仿能力等。孩子们在治疗前会接受身体形态、机能测试以及心理、智商等方面的测试，治疗一年后会进行后测，通过前测和后测数据对比，显示孩子们在多方面

都有显著提升。

③公共疗愈场域：刘海粟美术馆的"情绪地图"工作坊，通过匿名分享个人困惑与绘制身体色彩图谱，将私密情感转化为公共空间中的集体疗愈仪式，强化社会支持网络。上海浦东碧云美术馆携手中央美术学院艺术治疗研究中心联合举办"爱的系列——我是我，我们是我们"展览，分别由"身体与情感的修复""自然与环境的治愈""文化与记忆的唤醒"几部分组成，通过艺术作品探讨个体与群体之间的关系，引导观众从自我探索到社会关系的链接。

第四，深化生命意义与价值探索。

艺术疗愈通过美学体验与哲学思辨，引导个体重新审视生命本质。

①生死教育：连续六届的北京大学清明论坛，是一个以生命、衰老、死亡、纪念为主题的公共性、学术性兼备的生命文化研讨平台。该论坛借助清明节这一特殊氛围，围绕"死亡辅导""死亡关怀""医疗·殡葬一体化""生命教育与死亡审美"等话题展开研讨，旨在打破避讳死亡的语境与禁忌思维，丰富国人的精神家园，让生死两安、生死两悦。南京大学费俊峰教授在生死教育方面也有深刻的思考和实践。他曾在讲座中分享自己与癌症抗争的经历，强调面对病痛时心理调适的重要性。他认为，痛苦是难以适应的，但"苦"是一种心理感受，可以通过自我调整来应对。他鼓励人们不要给自己贴上"病人"的标签，而是要积极面对生活。他曾以"从内卷到躺平——生命意义的建构"为主题进行讲座，探讨在现代社会中如何构建积极的生命意义。这些讲座不仅帮助人们更好地理解生死，也引导大家珍惜生命、积极生活。北京画院美术馆通过齐白石作品中的"吉祥寓意逻辑"，向观众传递战乱时期艺术家对生命的释然态度，潜移默化影响观众对生死议题的认知。

②自然联结：自然疗愈作为一种低成本、高产出且科学便捷的健康促进手段，具有巨大的公共健康服务潜力。它不仅可以用于疾病的治疗和康复，还可以用于疾病的预防和健康促进。随着公众健康意识的增强，自然疗愈体系在世界各地得到普及，其应用范围也从专业医疗场所拓展到日常生活场所。在日常生活场所中，融入生命教育，帮助人们在日常生活中实现身心的放松与恢复。例如，社区花园的营建与日常管理活动，如耕地、翻土、播种、浇水等，不仅可以锻炼身体，还能通过植物的生长过程带来心理上的正向引导和成就感。这种自然疗愈方式在公园、植物园等场所也得到了广泛应用。刘悦来教授的研究以公共健康为视角，深入探索社区花园的自然疗愈力量和社会修复

过程。研究选取了枢纽型社区花园、街道共同体实验、市域社区花园更新和全国范围的社区花园实践行动等四个项目作为研究对象。通过梳理社区花园及公共健康的研究进展，结合问卷调查等方法，评估社区花园的疗愈价值。社区花园不仅能够促进个人治愈和群体疗愈，还能通过扩大化的社群网络带来社会关系修复的效益，为社区的长期发展和可持续建设提供有效支持。这种从自然疗愈到社会修复的双重效益，为城市公共空间的健康价值直至生命教育提供了新的视角和实践路径。

第五，推动教育模式的创新与融合。

艺术疗愈为传统生命教育注入动态化、体验式的新范式。

①课程重构：北京师范大学亚太实验学校将生命教育主题融入五幕剧创作，学生通过自编自演校园故事，在角色代入中理解"奉献""坚持"等抽象价值观，实现思想内化。同济大学艺术与传媒学院原创校园情景话剧《嗨！室友》在校园内"一站式"学生社区协同育人中心火热上演，为全校师生带来了一场精彩纷呈的视听盛宴。整部话剧以大学生活的点滴为素材，深入探讨了友情的珍贵、爱情的多面性、梦想的追逐以及成长的酸甜苦辣、生命的珍贵。在舞台上，演员们凭借精湛的演技，将这些青春元素生动地呈现给观众，无论是日常相处的小摩擦，还是面对困难时的相互扶持，都展现得淋漓尽致，引发了台下观众的强烈共鸣，观众也可以成为戏剧中的医院，参与互动与讨论，现场掌声雷动，欢笑声与感动的抽噎声此起彼伏。

②跨学科实践：上海福寿园的生命智库是上海福寿园在人文纪念和生命教育领域的重要项目，其核心目标是通过学术研究、文化活动和社会实践，推动生命教育和人文关怀的普及。生命智库汇聚了来自社会学、心理学、哲学等多学科的专家学者，共同探讨生命教育、死亡观念、殡葬文化等话题。定期举办学术研讨会和论坛，分享最新的研究成果和实践经验。通过生命教育基地和线上平台，开展面向公众的生命教育活动，帮助人们树立正确的生命观和价值观。生命智库致力于挖掘和传承中国传统文化中关于生命和死亡的智慧，同时结合现代理念进行创新。通过文化活动和艺术作品，弘扬生命文化的价值。

艺术疗愈与生命教育的联结关系

艺术疗愈通过美的创造与感知，唤醒个体对生命的敬畏与热爱。"让艺术浸润生命，让生命更加灿烂"，这一过程既是心灵的修复，更是生命意义的再发现。

艺术疗愈与生命教育的联结关系主要可以从三方面体现。

①艺术疗愈是生命教育的重要手段。艺术疗愈为生命教育提供了有效的实践途径。通过艺术表达和创作，个体可以更好地理解自我、释放情感、提升自我意识，从而更加珍视和尊重生命。艺术疗愈的过程本身就是一种生命教育的过程，有助于个体在艺术的熏陶下感悟生命的意义和价值。

②生命教育是艺术疗愈的目标和归宿。艺术疗愈的目标不仅仅是解决心理问题，更重要的是促进个体的全面发展。这与生命教育的目标高度吻合。生命教育通过艺术疗愈等手段，引导个体认识生命、尊重生命、追求生命的意义，实现生命的全面发展和提升。

③两者相互补充、相互促进。艺术疗愈和生命教育在目标和手段上相互补充、相互促进。艺术疗愈为生命教育提供了丰富的实践经验和手段，有助于生命教育的深入开展；而生命教育则为艺术疗愈提供了广阔的应用领域和深入的理论支持，有助于艺术疗愈的深入研究和应用。

综上所述，艺术疗愈与生命教育之间存在着紧密而复杂的关系。它们相互补充、相互促进，共同为个体的全面发展和生命的提升提供有力的支持。在未来的教育实践中，我们应该更加注重艺术疗愈与生命教育的结合，发挥它们在促进个体成长和发展中的重要作用。

艺术疗愈与生命教育在情感共鸣、创造力、情感沟通、心理健康以及实践与体验等方面都存在着密切的联系。通过艺术疗愈的方式，调动人体的五感六觉，多元化地深入开展生命教育通过觉察、理解、顿悟、接纳、成长，让学生在艺术创作的过程中感受到生命的美好和价值，从而更加珍惜和尊重生命。同时，生命教育也可以为艺术疗愈提供更加广阔的应用领域，帮助更多的人通过艺术手段获得心理健康和生命成长（图4）。

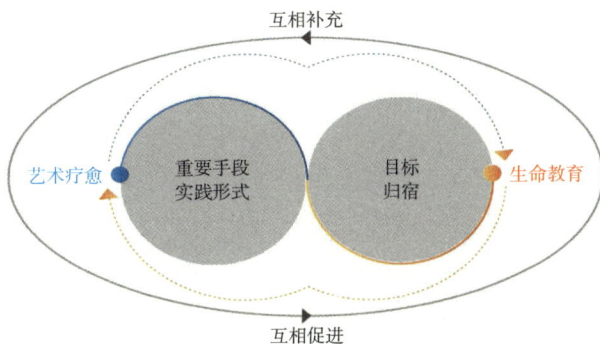

图4 艺术疗愈与生命教育

第一课
生命中的关系

问题的提出

1.你内心是不是住了另一个自己，他（她）和外在表现出来的你是否有很大的区别？

2.你是否会和父母发生激烈的冲突，面对冲突，你是否会无所适从？

3.你有没有为了维持一段关系，感到心力交瘁？又或你是否有一位无话不说的"死党"？

4.你有没有在一段关系中体验到成长、幸福、愉悦？

5.追溯从小到大的经历，"关系"对你意味着什么？

为了回答上面的问题，我们本章将一起讨论生命中的关系，讲解自我关系的和谐统一和亲密关系的健康互助。

知识点

基本理论	表达性疗愈媒介	目标
自我同一性	绘画疗法	解决身份认同混乱、心理冲突和适应困难等问题
关系论理论	家谱图和关系论的绘制	理解家庭内等级地位、权力分配、责任分工和彼此之间的界限，识别和解决这些结构性问题，以促进家庭成员之间的和谐关系
叙事心理与脚本理论	TAT图板艺术叙事	处理好自我关系、亲密关系和社会关系三者之间的和谐统一

1.1

关系的定义

关系是一个多义的概念，可以从不同的角度进行定义。常见的定义为：关系是指事物之间相互作用、相互影响的状态。出自《宣和遗事·前集》："这箇阴阳，都关系着皇帝一人心术之邪正是也。"现代多数学者认为："关系"是指人与人之间，人与事物之间，事物与事物之间的相互联系，这涵盖了所有类型的事物之间的关联性，无论它们是物理的、社会的还是情感的。当然，不同的学科对关系会有不同的理解。数学家往往用关系式解释事物之间的普遍联系，关系常指二元关系（数学的基本概念之一），关系是在集合的基础上定义的一个重要的概念，与集合的概念一样，关系在计算机科学中也是最基本的概念。

在计算机的语言中，计算机将关系编码分为 0 和 1 的程序关系，简单来说即是和否的关系。

数学中条件关系是三个或三个以上的信息（如时间、速度、路程等，但信息必须要有联系），根据条件相等而构成了相等的式子（如时间 × 速度 = 路程）就叫做数量关系式。这样解释——它主要反映出元素之间的联系和性质，在计算机科学中有重要的意义，在有限自动机和形式语言、编译程序设计、信息检索、数据结构以及算法分析和程序设计的描述中经常出现。

在心理学中，关系的定义涉及两个人或事物之间相互作用、相互影响的状态。具体到人与人之间的关系，通常指个体之间在活动过程中直接的心理上的联系或心理上的距离。这种关系可以是正式的，如家庭、亲戚、师生、同事等，也可以是非正式的，如朋友、熟人等。心理学中的关系强调人与人之间的互相影响和依赖，当两个人之间互相影响和依赖时，"关系"就形成了。

关系还可以进一步细分为不同的类型，如亲密关系、依恋关系、社交支持关系等。亲密关系是指两个人之间存在深厚的感情连接，能够分享内心想法和感受，而且能够相互支持和依靠。依恋关系涉及个体与特定对象之间的情感纽带，包括安全型、回避型、抵抗型和矛盾型四种类型。社交支持则是指来自他人的帮助、关怀和鼓励，对个体的身心健康和幸福感有积极影响。总之，心理学中的关系是一个复杂而多维的概念，它涉及人与人之间的相互作用、影响、情感联系和支持等多个方面。

1.2

自我同一性

自我同一性是心理学中的一个重要概念，最早由美国精神分析学派的心理学家爱利克·埃里克森（Erik H. Erikson）提出。尽管至今没有一个确切的定义，但自我同一性被广泛认为是一个与自我、人格的发展有密切关系的多层次、多维度的心理学概念。它本质上是指人格发展的连续性、成熟性和统合感。多数学者将自我同一性定义为个体在特定环境中的自我整合和适应之感，是个体寻求内在一致性和连续性的能力。它涉及个体对自己的身份、角色、价值观、信仰等方面的认知和整合。自我同一性包含三个层面的内涵（图 1-1）。

图1-1　自我同一性的三个层面

1.2.1　自我认同感

自我认同感（sense of self-identity）是心理学中的一个重要概念，它是指个体在寻求自我的发展中，对自我的确认和对有关自我发展的一些重大问题，如理想、职业、价值观、人生观等的思考和选择。自我认同感的发展涉及个体的过去、现在和将来发展进程的时间维度。

简单来说，自我认同感是个体尝试着把与自己有关的各方面结合起来，形成一个自己决定、协调一致、独具"统一风格"的自我。稳定的自我认同感可以帮助个体在社会中建立自己的位置，明确自己的角色和责任，从而更好地适应社会生活。相反，如果自我认同感的形成受阻或不稳定，个体可能会感到迷茫、焦虑或自我认同的危机。因此，自我认同感对于个体的心理健康和社会适应具有重要的影响。在教育和心理咨询中，理解和促进青少年自我认同感的健康发展是一个重要的任务。

1.2.2　个人同一性

个人同一性（personal-identity）是指个体在追求自我发展的过程中，对自我身份、角色和目标的清晰和一致地认识。

个人同一性是一个涉及多个领域的综合性概念，包括心理学、社会学、哲学和医学等。它是个人感知自己现在、过去和未来的连续性，并与他人形成不同个性差异的重要因素。个人同一性的形成是一个长期的过程，需要个体在自我与环境相互作用中，通过不断地探索、学习和经验积累，逐渐形成一套稳定的目标、价值观和信念。

从心理学的角度来看，个人同一性是人格发展的核心。爱利克·埃里克森认为，个人同一性主要依赖于生命的各个阶段的全面发展。每个人在成长过程中都会面临不同的挑战和危机，而能够有效地解决这些挑战和危机，才能形成一个人稳定的个人同一性。

个人同一性的稳定性和一致性对于个体的心理健康和幸福感具有重要意义。一个具有清晰和一致的个人同一性的人，能够更好地理解自己、认识自己，从而更好地应对生活中的挑战和困难，实现自我价值和幸福。

1.2.3　社会同一性

社会同一性（social-identity）涉及个体如何将自己视为社会群体的一部分，并如何理解自己在社会中的角色和地位，是个体对特定社会群体的认同，这种认同来自个体对群体共有特征（如价值观、信仰、行为方式等）的感知和体验。通过将自己归类于某一社会群体，并获得一种归属感和认同感，从而在社会中获得自我定义和定位。

社会同一性的形成受到多种因素的影响，包括个体的社会经验、文化背景、群体特征等。在社会交往中，个体会不断地通过比较、学习和内化等方式，形成对特定社会群体的认同和归属感。

社会同一性对于个体的社会行为和心理健康具有重要的影响。它可以帮助个体建立与他人的联系和互动，增强社会适应能力。同时，社会同一性也可以成为个体自我认同的重要组成部分，影响个体的价值观、信仰和行为方式。

在社会心理学中，社会同一性是一个重要的研究领域。研究者们通过探讨社会同一性的形成机制、影响因素和作用机制等问题，旨在更好地理解个体在社会中的行为和心理状态，为个体提供有效的心理支持和帮助。

1.2.4　自我同一性形成的四阶段

自我同一性的形成是一个长期的过程，包括了身份的探索、形成和维持等多个阶段。这些阶段通常发生在个体的不同生命时期，如青少年时期、青年时期和成年期。关键期主要在青春期，大致的年龄段是 12～20 岁。在这个阶段，个体开始有意识地回答"我是谁"的问题，并努力将自己的各种特质和经历整合成一个连贯的自我形象。自我同一性的形成可以划分为以下四个阶段（图1-2）：

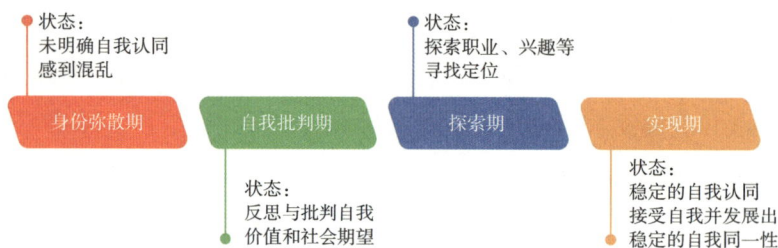

图 1-2 自我同一性形成的四个阶段

①身份弥散期：在这个阶段还没有明确的自我认同，可能感到混乱，无法很好地找到自己在社会、家庭和朋友等关系中的位置和角色。

②自我批判期：开始思考自己的价值和意义，同时感受到社会对自己的期望。他们可能会对自己的外表、性格、兴趣等进行反思和批判。

③探索期：开始探索自己的职业、兴趣爱好、性取向等，试图找到自己的定位。这个过程可能会伴随着挣扎和痛苦。

④实现期：在这个阶段已经找到了自己的标志性身份或角色，也更加接受自己的身体、性格和兴趣。在这个阶段已经发展出了稳定的自我同一性。

1.2.5 自我同一性的重要性

①自我认知：自我同一性的确立有助于个体建立清晰的自我认知，增强自我意识和自我价值感。

②社会性互动：自我同一性在个体的社会性互动和发展中也具有至关重要的作用。它影响个体与他人的关系、社会角色的扮演以及社会适应能力。

③心理健康：自我同一性的稳定与否直接关系到个体的心理健康状态。缺乏自我同一性可能导致身份认同混乱、心理冲突和适应困难等问题。

1.3

关系论理论

在家庭系统治疗中，关系论理论（the theory of object relations）是一个核心概念，它强调家庭作为一个整体系统，其内部成员之间的关系和互动对个体的心理健康和整体家庭功能具有重要影响。该理论将家庭视为由多个子系统（如夫妻子系统、亲子子系统等）构成的复杂系统。这些子系统之间相互依存、补充和制约，共同维持着家庭的整体功能。在家庭系统中，成员之间相互影响相互作用，每个成员的行为和情绪都会对其他成员产生影响，反之亦然。因此，理解家庭成员之间的相互作用是理解家庭系统治疗的关键（图1-3）。

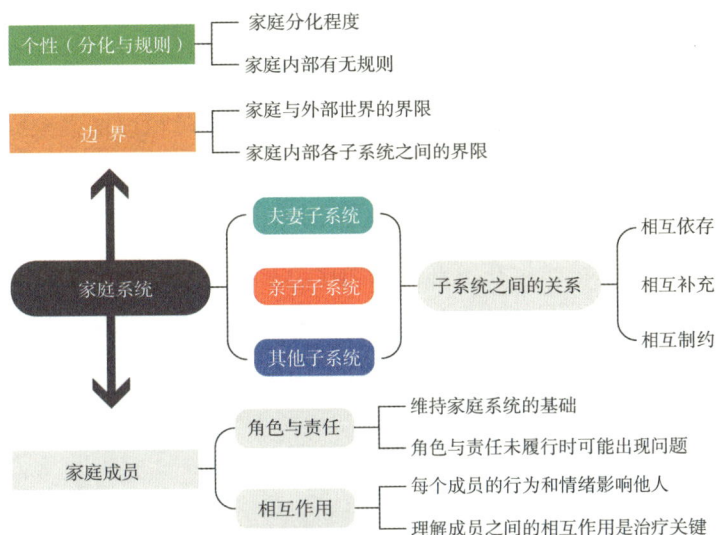

图 1-3　家庭系统治疗中的关系论理论

在家庭系统治疗中家庭的边界和个性是关注的焦点。边界指的是家庭与外部世界的界限，以及家庭内部各子系统之间的界限。个性是每个人独特的心理特征和行为倾向，个性影响家庭分化程度，以及家庭内部有无规则。此处的这些因素都会影响家庭系统的稳定性和适应性。同时，在家庭系统中，每个成员都扮演着特定的角色，并承担相应的责任。这些角色和责任是家庭系统得以维持和运作的基础。然而，当某些成员无法履行其角色和责任时，就可能导致家庭系统出现问题。

在关系论理论中，强调循环因果和共同创作，即系统思维假设人是关系取向的生物，个体行为导致互动发生。家庭成员的互动过程及相互的影响无法用线性因果来描述，只能用循环因果来描述。每个行为既是原因又是结果。家庭成员之间的互动也是一个共同创作的过程，他们通过互动来塑造彼此和整个家庭系统。

关系论理论的应用主要体现在以下几个方面。

①识别和理解家庭系统中的问题：治疗师会通过与家庭成员的交

流和观察来识别和理解家庭系统中存在的问题。这些问题可能包括沟通障碍、情感疏离、角色冲突等。

②促进家庭成员之间的沟通和理解：治疗师会帮助家庭成员之间建立更好的沟通和理解，促进他们之间的情感联系和支持。通过增强家庭成员之间的互动和合作，改善家庭系统的功能。

③识别和改变不良互动模式：治疗师会识别和分析家庭系统中的不良互动模式，如指责、讨好、超理智等，会帮助家庭成员意识到这些模式对家庭系统的影响，并引导他们改变这些模式。

④增强家庭系统的适应性和稳定性：通过改善家庭成员之间的互动和合作，以及识别和改变不良互动模式，治疗师可以增强家庭系统的适应性和稳定性。这有助于家庭更好地应对外部挑战和压力，提高家庭成员的心理健康水平。

总之，关系论理论在家庭系统治疗中具有重要的应用价值。它强调家庭作为一个整体系统的观念，关注家庭成员之间的互动和相互影响，为治疗师提供了一种理解和干预家庭系统的新视角。

1.4

叙事心理学

1983年，西奥多·R.萨宾（Theodore R. Sarbin）发表了《作为心理学一个扎根隐喻的叙事》，阐述了叙事心理学（narrative psychology）的观点，这标志着叙事心理学开始作为一个独立的理论体系被提出。他将叙事视为心理学的扎根隐喻，认为叙述是意义建构和人格建构的过程。他主张以一种新的研究范式来替代传统的实证主义范式，强调语境论和对现象历史背景的理解。1986年，在萨宾所主编的论文集《叙事心理学：人类行为的故事性》中，第一次明确提出系统的叙事心理学理论，这标志着叙事心理学作为一个独立的心理学分支正式确立。在叙事心理学提出后，许多心理学家继续在该领域进行研究和探索，不断完善和发展叙事心理学的理论和实践应用。叙事心理学的核心观点认为：人们通过话语来建构自我，任何一种体验中，只有通过语言的建构才变得有意义，人格在叙述中建构。不同的人会有不同的人生叙事，这些叙事提供了一个框架，帮助人们理解过去，也可以用来构想未来，是人类获得意义的一个主要框架。

叙事心理学是一个相对较新的心理学分支，它强调个体通过构建

图1-4　叙事心理学的关键点构成

和讲述个人故事来理解自我和世界。以下是对叙事心理学理论的一些关键点概述（图1-4）。

①个人故事的构建：个体通过构建和讲述自己的故事来理解和塑造自我身份。这些故事包括个人的经历、情感、动机和价值观。还包含了个人的解释、感受和期望。通过叙事，个体能够对自己的经历赋予意义，从而影响其自我认同和行为。

②时间与连续性：叙事心理学强调时间在个体心理发展中的重要性。个人的经历是随时间展开的，而叙事则提供了将这些经历连接起来的线索，形成连续的、有意义的故事线。个体能够将过去、现在和未来的经历连接起来，形成一个连贯的自我叙述。

③情感与动机：叙事不仅是认知的，还涉及情感和动机。个体在讲述自己的故事时，会表达出对事件的情感反应和内在动机。这些情感和动机对于理解个体的行为和决策过程至关重要。

④文化与社会背景：叙事心理学也考虑文化和社会背景对个体叙事的影响。不同文化和社会环境下，人们构建和讲述故事的方式可能会有所不同。个体的叙事是其文化和社会经验的反映，同时也受到这些因素的影响。

⑤治疗应用：在心理治疗领域，叙事心理学提供了一种新的视角和方法。通过帮助患者重新构建和讲述自己的故事，可以促进其自我认知和情感表达，有助于患者从新的角度审视自己的经历，发现新的意义和价值，从而促进心理康复。

总之，叙事心理学提供了一种全面、动态和深入的方法来理解个体的心理世界。它强调了个人故事在塑造自我认知、情感和动机方面的重要性，以及文化和社会背景对个体叙事的影响。在治疗实践中，叙事心理学也提供了一种有益的工具和方法。

1.5

心理学中的脚本理论

脚本理论（script theory）"脚本"这个概念最早被称为"图式"，1932年，英国心理学家弗雷德里克·巴特莱特（Frederic Bartlett）在他的代表作《记忆》中提出了图式理论。后来，人工智能研究者罗杰·C. 尚克（Roger C. Schank）和心理学家罗伯特·阿伯森（Robert Abelson）把心理学范畴的图式理论运用于人工智能研究，改称"图式"为"脚本"。尚克和阿伯森认为"脚本"是描写特定情景中事件恰当程序的结构，是预先设定的、常规性的动作程序，可用来限定一个熟知的情景。❶脚本是一个有序的信息综合，可以把脚本看作是一个已知的固定的事件，而它又是由几个或更多的次事件构成，并且这些次事件是按先后的顺序有机地排列组合在一起，它们都储存在记忆里，脚本仿佛是个体通过写有字幕的动画、插图的方式来对事件的记忆进行存储。由此可知，脚本是一种高层次的知识结构，可以在理解过程中提供背景信息。脚本由一系列事件组成，这些事件形成一个老套的情节，只要其中的一个或多个事件被激活，一整个系列的事件也随之被激活。❷当然，脚本内部所包含的信息是有序的，类似于"成因链"，一系列的"成因链"串连组成时间序列，共同构成动态性、程序性的认知结构。

1.5.1 脚本理论的核心内容

①记忆与经验：脚本理论强调个体在长期记忆中储存的关于特定情境的经验和知识。这些经验和知识以脚本的形式存在，成为个体理解和应对新情境的基础。

②情境激活：当个体遇到与记忆中某个脚本相似的情境时，该脚本会被激活，并指导个体的行为反应。这种激活是自动的、快速的，并且往往不需要意识的参与。

③行为模式：脚本不仅包含了对情境的理解，还包含了在该情境下应采取的行为模式。因此，脚本理论可以用来解释为什么个体在特定情境下会表现出相似的行为模式。

1.5.2 脚本理论的应用领域

①儿童发展：在赫斯曼的研究中，脚本理论被用于解释暴力媒介对儿童攻击性行为的影响。儿童在观看暴力媒介时会形成攻击性脚本，这些脚本在将来相似情境下被激活，导致儿童表现出攻击性行为。

②社会认知：脚本理论也被用于解释个体如何基于过去的经验来理解和预测他人的行为。例如，在人际交往中，个体会根据对方的言

❶ Chank R C, Abelson R, *Scripts, Plans, Goals and Understanding*（Englewood Clitfs: Lawrence Erlbaum Associates, 1977）, p. 37.

❷ Schank R C, *Dynamic memory revisited*（Cambridge: Cambridge University Press, 1999）, pp. 123-136.

行举止和自身经验中的脚本来判断对方的意图和可能的行为。

③心理治疗：在心理治疗领域，脚本理论可以帮助治疗师了解患者的问题行为背后的原因和动机。通过识别并改变患者的不良脚本，治疗师可以帮助患者建立更健康、更适应的行为模式。

1.5.3　脚本理论与其他理论的联系与区别

①与社会学习理论的联系：脚本理论与社会学习理论（social learning theory）有密切联系。两者都强调经验对行为的影响，但脚本理论更侧重于个体如何基于过去的经验来理解和应对新情境。

②与认知理论的区别：虽然脚本理论也涉及认知过程，但它更侧重于记忆和经验对行为的影响，而不是单纯的认知加工过程。此外，脚本理论更强调情境对行为的影响，而认知理论则更关注个体内部的认知结构和过程。

综上所述，心理学中的脚本理论是一个重要的理论框架，它解释了个体如何基于过去的经验和记忆来理解和应对当前或未来的情境。该理论在多个领域都有广泛的应用，并为心理学研究和实践提供了有力的支持。

1.6

TAT图板测试"主题统觉测验"

图1-5　主题统觉测验图画

TAT图板测试"主题统觉测验"（thematic apperception test）是由美国心理学家亨利·默里（Henry Murray）于1935年发明的，它属于投射法个人测验的一种（图1-5）。该测试通过让被测验者根据图片内容按一定要求讲述一个故事，从而将其思想感情投射到图画中的主人公身上。

TAT图板测试主要可以解决以下几方面的问题：

①揭示个体深层心理状态：通过被测验者对图片故事的解释，分析师可以洞察其内心的情绪、愿望、冲突等深层心理状态。这些状态在日常生活中往往难以直接观察或表达，但在TAT测试中却可能自然流露。

②评估人格特点：默里认为，人的需要与压力控制着人的行为，并影响着人格的形成和发展。因此，通过分析被测验者在讲述故事时

所表现出的需要和压力，可以评估其人格特点，如防御机制、情感反应模式、应对策略等。

③理解个体行为动机：TAT测试有助于理解个体在特定情境下的行为动机。通过分析被测验者对图片故事的解释，可以揭示其行为背后的深层次原因和动力。

④辅助心理咨询与治疗：在心理咨询与治疗领域，TAT测试可以作为一种辅助工具，帮助治疗师了解来访者的内心世界，识别其潜在的心理问题或冲突，从而制定更有针对性的治疗方案。

需要注意的是，TAT图板测试的结果分析需要由专业的心理咨询师或心理分析师进行。他们会根据被测验者的故事内容、情感反应、语言风格等多个方面进行综合分析，以得出准确的结论。同时，由于每个人的解释都可能受到其个人经历、文化背景、心理状态等多种因素的影响，测试结果具有一定的主观性和个体差异性。因此，在解释和使用TAT测试结果时，需要谨慎对待，并结合其他评估方法进行综合考虑。

在艺术疗愈领域，疗愈师可以尝试弱化TAT图板专业的心理咨询测试功能，而是强调其叙事特质，在专业导语的引导下，启发来访者在团体疗愈中觉察自身的故事情景内容、情感呈现反应、语言表达风格等多个方面的因素来理解自己个人经历、文化背景、心理状态与自己心理脚本的关系，处理好自我关系、亲密关系、社会关系三者之间的和谐统一。

1.7
建立人际关系的要素

人际关系（交往）的实质是一种特定的社会现象，一般具备以下几方面要素。

1.7.1　交往的主动性

人们在交流沟通的过程中，无论是领导还是被领导，双方都是活动的主体。这就是说在人际交往过程中，每一方都是积极活动着的主体，所不同的是所处地位有主次而已。但即使处于次要地位的一方，也不是被动地接受信息，机械地作出反应，而是根据自己的要求和兴趣去理解和分析对方的信息并作出反馈，调整自己的言行，达到信息交流之目的。如在教学过程中，师生关系是指教师和学生在教育教学过程中结成的相互关系，包括彼此所处的地位、作用和相互对待的态度等。教师通常扮演促进者、组织者和研究者的角色，而学生则是参与者、学习者，同时也是自己教育的主人。这种关系形式是由客观条件所决定的，并且在教师和学生的积极活动中得以表现。师生关系是一种相互作用的关系。教师通过教学活动与学生进行互动，引导学生思考和参与讨论，激发学生的学习兴趣和动力。学生也可以通过提问和回答问题等方式与教师进行互动，促进双方的思想碰撞和交流。师生关系也应该体现平等和信任关系。教师应当尊重学生的主体地位和个体差异，充分尊重学生的意愿和需求。给予他们充分的支持和鼓励。学生也应该信任教师的指导和建议，积极参与教学活动和课堂讨论。

1.7.2　交往的互益性

单个个体的各种活动，虽然可能与外界有密切的关系，但不能称为人际交往。人际交往必须是在两个以上的个体之间进行的相互作用的活动。一方发出信息会引起另一方在心理和行为上的反应，这种反应反过来成为新的信息作用于前者。

1.7.3　交往的条件性

在人际交往中，首要的条件是双方所使用的符号必须相同或相通，这是交往发生的必备条件。可以是语言符号，也可以是非语言符号。如符号不同会闹出许多笑话。例如，一个外国人与我国人交往时，必须使用同一种或彼此都能理解的语言或其他符号，否则两者之间易产生歪曲、误解的情况。

1.8

艺术疗愈实践：关系神话案例

波斯神秘主义诗人贾拉鲁丁·穆罕默德·鲁米（也被称为莫拉维、巴尔希等）著名小诗：

> "每一秒钟，他都会对着镜子鞠躬，
>
> 如果有一秒钟，他能从镜子中看出里面有什么，
>
> 那他将会爆炸。
>
> 他的想象，他的所有知识，乃至他自己，都将消失。
>
> 他将会新生。"

人们常常在面对镜子时，试图寻找和确认自己的存在和价值，但如果真的能够彻底看清自己，那种震撼和冲击可能会让人无法承受，或许会摧毁现有的自我认知，从而迎来一种全新的、未知的存在状态。镜子也可以被看作是关系的象征，通过镜子（即关系）来认识自己，是每个人都在进行的过程。而如果能够真正深入地通过"关系"这面镜子看到自己，那么可能会带来一种深刻的自我觉醒和转变，这种转变可能意味着放下过去的自我，迎接一个新的、更加真实的自我。

我们在日常活动中，如何找到这面镜子？如何从多维度视角观察并理解真实的自我？本工作坊从名字与称谓出发，构建出一个立体的多棱镜，全面理解自我在不同阶段、不同角色的自我定义（图1-6）。

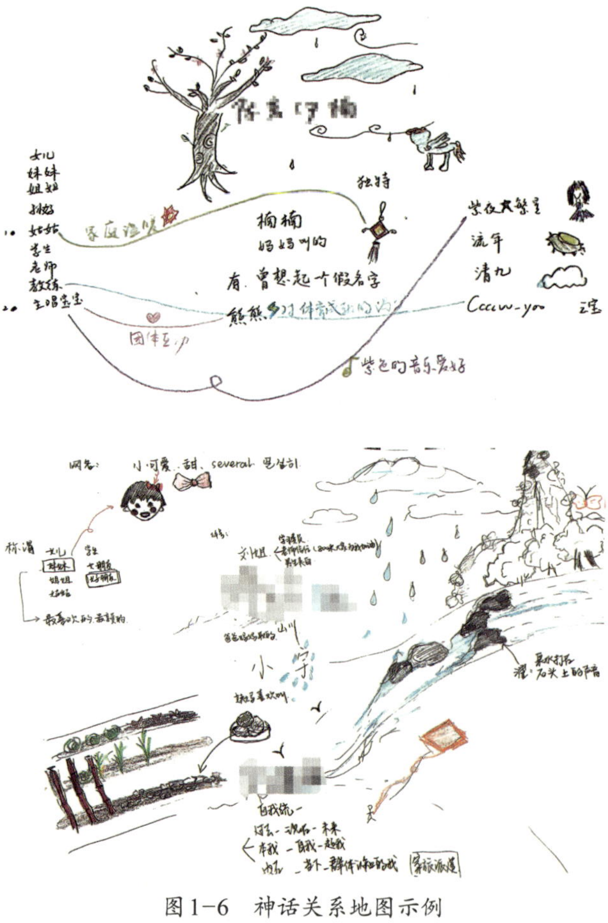

图1-6 神话关系地图示例

工具：A4纸3张/人，2B或HB铅笔1支/人，24色彩铅或油画棒1盒/三人。

第一步：进行正念冥想，放空自己，安住于当下（导语略）。

第二步：绘制自己的关系地图。

①请在A4纸的中间写下你身份证上的名字，这个名字是谁起的，有什么意义？它与你整个家族有什么关联？想象一下，在你名字傍边绘制一个Logo。

你有没有曾用名，如果有，写下来（没有也没有关系），它和你现在的用名有什么关系？同样也给它绘制一个Logo。

你是否有给自己改名字的想法？如果有，请写下来，想一想为什么想改。

在小组里分享关于你"现用名、曾用名、想改名"的这些故事。

②你是否有乳名/小名，都有谁会叫你乳名/小名，你最喜欢谁叫你乳名/小名，闭上眼睛，想一想，那是怎样的场景，你有什么样的感受并在画纸上画下来。

你有过绰号吗？这些绰号是什么？当时给你带来什么？想一下，你现在的感觉是什么？把这些绰号记录下来，并写下当时的感受和现在的感受，如果可以，请再用Logo画下来。

在小组里分享关于你的"绰号"以及关于绰号的故事与感受。

③你有哪些称谓？这些称谓都意味着什么？都有谁叫这些称谓？请记录下来，并用Logo标记下来。

你最喜欢哪个称谓？为什么？那是怎样的场景，在画纸上画下来。

你有没有不喜欢的称谓？为什么？那是怎样的场景，在画纸上画下来。

④你还希望增加哪些称谓？这些称谓对现在的你来说，还需要做哪些准备？请记录下来，并用Logo标记下来。

请在小组分享关于称谓的故事。

请在第二张A4纸上重新整合你的第一张关系地图，你完全可以不受第一张的任何约束，发挥你的想象空间，将姓名、称谓、人物关系整理一下，并命名为"我的关系地图"。

小组里分享整合后的关系地图。

第三步：正念引导，建立自己关系的安全岛。

现在，请你在内心世界里找一找，有没有一个安全的地方，在这里，你能够感受到非常的安全和舒适。它可能存在于你的想象世界里，也可能就在你的附近，无论它在这个世界或者这个宇宙的什么地方……你可以给这个地方设置一个界限，这里只属于你一个人，没有你的允许，谁也不能进来。如果你觉得孤单，可以带上一些友善的、可爱的东西来陪伴你、帮助你，但是，真实的人不能被带到这里来……"别着急，慢慢考虑，找一找这样一个神奇、安全、惬意的地方……。或许你看见某个画面，或许你感受到了什么，或许你首先只是在想着这么一个地方……

让它出现，无论出现的是什么，就是它啦……如果在你寻找安全岛的过程中，出现了不舒服的画面或者感受，别太在意这些，而是告诉自己，现在你只是想发现好的、愉快的画面，处理不舒服的感受可以等到下次再说。现在，你只是想找一个美好的、使你感到舒服的、有利于你恢复心情的地方……

你可以肯定的是，一定有一个这样的地方，你只需要花一点时间、耐心地寻找……有时候，要找一个这样的安全岛还有些困难，因为还缺少一些有用的东西。但你要知道，为找到和装备你内心的这座安全岛，你可以动用一切你想到的工具，比如交通工具、日用工具，各种材料、当然还有魔力、一切有用的东西……

当你来到这个地方，请你环顾左右，看看是否真的感到非常舒服、非常安全，可以让自己完全放松。请你用心检查一下……有一点很重要，那就是你应该感到完全放松、非常安全、非常惬意。请把你的安全岛规划成这个样子……你的眼睛所看见的东西让你感到舒服吗？你可以运用自己想要用的任何办法将你所见到的调整到你真的觉得很舒服为止……你能听见什么，舒服吗？你可以运用自己想要用的任何办法将你所听到的调整到你真的觉得很舒服为止……气温是不是很适宜？你可以运用自己想要用的任何办法将气温调整到你真的觉得很舒服为止……

你能不能闻到什么气味？你可以运用自己想要用的任何办法将周围的气味调整到你真的觉得很舒服为止……

把你的安全岛装备好了以后，请你仔细体会，你的身体在这样一个安全的地方，都有哪些感受？

你看见了什么？你听见了什么？你闻见了什么？你的皮肤感受到了什么？你的肌肉有什么感受？呼吸怎么样？你的腹部感觉怎么样？

请你尽量仔细地体会现在的感受，这样你就知道，到这个地方的感受是什么样的……你可以用什么词或短语代表你的安全岛，注意当你想到那个词或短语时的正性感觉。

如果你在你的安全岛上感觉到非常的安全，就请你用自己的身体设计一个特殊的姿势或动作，用这个姿势或动作，你可以随时回到这个安全岛来。

以后，只要你一摆出这个姿势或者一做这个动作，它就能帮你在你的想象中迅速地回到你的这个地方来，并且感觉到舒适。你可以握拳，或者把手摊开。这个动作可以设计成别人一看就明白的样子，也可以设计成只有你自己才明白的样子。

请你带着这个姿势或动作，全身心地体会一下，在这个安全岛的感受有多好……

当你觉得已经在这个安全岛呆了足够的时间，请撤掉你的这个动作，回到当下，回到这个房间里来。

请用你的画笔在第三张A4纸上画出你的安全岛。

注：第二步中的①是讨论自我同一性与家族派遣问题。②是讨论情绪感受是可以转化的，转化的理由是什么？为什么？③是讨论社会赋予我们的角色，这些角色给我们带来了什么责任与压力？④是讨论未来的可能性。

延伸阅读

1.《社会心理学》

作者：戴维·迈尔斯（David Myers）

这本书被美国700多所大学或学院的心理系所采用，是这一领域的主导教材，具有极高的学术权威性。本书将经典案例和实操实践完美结合，以强大的逻辑剖析了人应该如何思考问题、在社会中如何与他人建立关系、如何说服和吸引他人，以及当冲突和矛盾出现时如何无伤化解。戴维·迈尔斯以其无与伦比的写作才能，将科学的严谨性和人文的宽泛性巧妙结合，使这本书既具有深度又不失趣味性，能够让读者在愉快的阅读过程中轻松掌握心理学知识。

2.《乌合之众》

作者：古斯塔夫·勒庞（Custave Le Bon）

书中深入剖析了群体心理的特征和行为模式，解释了为什么个人在群体中会变得非理性，以及这种非理性如何影响社会事件的发展。书中的观点对于理解现代社会的群体行为、网络舆论等具有深刻的现实意义，能够帮助读者保持独立思考，避免被群体情绪所左右。

3.《社会性动物》

作者：艾略特·阿伦森（Elliot Aronson）

本书分为"看入人里""看出人外"和"看人之间"三个部分，分别探讨了人际关系的本质、沟通的技巧以及关系的演变过程。书中不仅介绍了有关人际沟通的理论，还加入了丰富实用的阅读材料，能够帮助读者轻松学习并应用书中的沟通技巧。

第二课
生命的传承与发展

问题的提出

1. 你认为原生家庭给你带来了怎样的影响？

2. 你是否有能力处理好家庭中的矛盾和冲突？

3. 你眼中好的家庭关系是怎样的？

4. 如何超越家庭的牵绊，实现自我成长？

知识点

基本理论	表达性疗愈媒介	目标
家庭系统理论		深入剖析青春期尾声至成年初期这一关键成长阶段的内在矛盾与挑战，直面大学生群体在这一时期所经历的深刻自我认同探索之旅、复杂亲密关系的构建尝试、人际网络管理的艺术、学业与就业双重压力下的挣扎，以及与原生家庭逐步分离所带来的情感波动与独立成长的迫切需求。这一过程不仅是个人成长轨迹上的重要里程碑，也是考验其心理韧性、情感智慧与社会适应能力的重要阶段
自我分化和情感融合	沉浸式校园心理剧	
家庭情感投射与多代传承		

2.1

家庭系统理论的核心概念

家庭是社会构成的最基础结构，也是一个情感最密集的社会单元。家庭成员之间的关系是相互依存、相互影响的，这种持续不断的家庭互动也是生命传承与发展的方式。本章我们将通过表达性艺术疗愈的形式，深入探讨家庭系统理论，全面诠释和解读家庭系统中的各种角色和互动之间的规律和机制。帮助个体更好地认识自己和家庭，建立更紧密的生命连结和生命传承。

家庭系统理论是一种关于人类情绪活动与交往行为的理论，由美国著名心理治疗专家默里·鲍温（Murray Bowen）提出并由他和助手米切尔·E. 科尔（Michael E. Kerr）完善。家庭系统理论将家庭看作一个完整的单位和一个系统，家庭成员是系统的组成成分，每个成员之间都是交互作用的[1]。这一理论独树一帜地将整个家庭看作一个情绪单位，将人视为相互关联的结构中的要素，而不是自主的精神实体。

在家庭成员往往个人自我分化能力较强的家庭关系中，遇到问题和压

---

[1] 张志学：《家庭系统理论的发展与现状》，《心理学探新》1990年第1期。

力后恢复较快，与他人的关系也更有弹性且更为持久。相反，那些缺乏自我分化的家庭成员就会产生情感上的融合。情感融合包括焦虑性依附，即退缩到安全的依赖关系和反射性拒绝，即通过与他人保持距离来逃避亲密关系，以伪装出自己独立的一面。鲍温认为正是这种或依赖或孤立他人的情绪性反应导致了家庭关系病状的产生，如不快乐的婚姻、配偶一方的功能失序等[1]。另外，病态的三角关系和隐藏于行为失序的症状之后的多代间的传递历程，都使症状出现的可能性升高。与西方的核心家庭文化不同，中国传统家庭文化和代际之间的现实性需求使当下中国家庭形成了以核心家庭为主干的双系并重的扩大家庭生态系统（图2-1）。

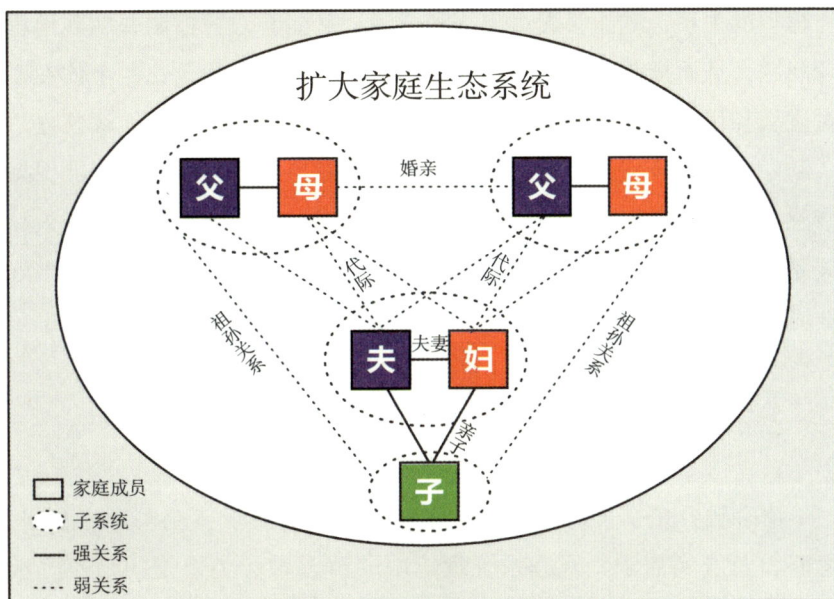

图2-1 扩大家庭生态系统

2.2

自我分化与情感融合

2.2.1 自我分化

自我分化[2]是个体在情感上保持独立的能力，能够在情感紧张的情

---

[1] 袁芮：《家庭治疗在本土情境中的运用——以鲍温家庭系统理论为例》，《社会工作与管理》2018年第18期。

[2] 易春丽、钱铭怡、章晓云：《Bowen系统家庭的理论及治疗要点简介》，《中国心理卫生杂志》2004年第1期。

况下保持冷静、理性思考。这种能力使个体能够在面对压力和挑战时保持自我，不被外界情绪和压力左右，能够独立思考和做出理性的决定。在家庭系统理论中，自我分化被认为是家庭成员之间关系的核心，也是家庭系统稳定和健康的关键因素之一。

自我分化关注的是个体在面对外界要求时的反应和应对能力。不同的个体对外部压力的敏感程度不同，以及他们在压力下能够保持冷静、理性思考的能力也不同。内在分化能力是指个体有能力将情感与理智区分开来。未分化的个体往往情感和理智无法分离，情绪会淹没他们的思维，使他们难以客观地看待事物和做出理性的决定。而分化程度高的个体并不是只有理智而没有情感，相反，他们能够平衡情感与理智的关系，既能够表达情感和行为，又能够自我控制并客观地思考问题，从而抵制情感冲动对自身的影响。高度自我分化的个体在面对挑战和压力时能够保持冷静和理性，不会被情绪左右，能够独立思考和做出相对合理的决定。他们具有较强的自我控制能力，能够保持情感与理智的平衡，不会被情绪冲动所左右。这种能力使他们在人际关系中更加成熟和稳健，能够建立健康稳定的关系，同时也能够更好地应对各种挑战和压力。

2.2.2 情感融合

情感融合是指个体缺乏自我分化能力，倾向于与他人情感融合，忽略自身真实需求。家庭系统理论中的情感融合主要指的是家庭成员之间情感上的密切联系和互相渗透。在这种理论框架下，家庭成员之间的情感联系被视为一个整体的组成部分。这种融合可以表现为家庭成员在情感上的互相依赖、共鸣和对彼此情绪的高度敏感。这种情况下，个体往往无法区分自己的情感和他人的情感，容易受他人情绪的影响，失去自我控制能力。例如，在亲子关系中，有些父母可能会过度卷入孩子的情感世界，无法分辨自己的情绪和孩子的情绪，导致孩子的情感发展和自我认知受到影响。缺乏自我分化的个体往往会变得情绪化，难以独立思考和做出冷静理性的决定，他们的生活完全受周围人对其反应所驱使，无法保持自己的独立性和自主性。他们可能会表现出顺从或者逆反的行为，缺乏自我控制和独立思考的能力。

与之相反，自我分化的个体能够平衡自己的想法和感受，既能够表达强烈的情感和自发性行为，也能够保持自我控制和独立思考。他们在面对事件时能够保持自己的立场和信念，不会受到外界情绪的左右，能够独立思考并做出理性的决定。不被外界情绪所左右，能够保持自己的独立思考和行为。他们在人际关系中更加成熟和稳健，能够建立健康的关系，同时也能够更好地应对各种挑战和压力。因此，提高自我分化能力可以帮助个体建立健康稳定的人际关系和家庭关系，提升个体的生活质量和幸福感。

然而，需要指出的是，情感融合并不总是负面的。在健康的人际关系中，一定程度的情感融合是正常的，它有助于建立亲密感、信任和支持。重要的是要在情感融合和保持个人独立性之间找到平衡，以确保个体的情感需求得到满足，同时也尊重他人的情感需求。

2.3

代际间的情感关系

代际间的情感关系是家庭系统中至关重要的组成部分，它对于个体的成长和发展具有深远的影响。在代际间，父母与子女之间的情感联系尤其紧密，这种关系对双方的心理、情感以及社会认知都起着关键作用。

由于年龄、经历、价值观等方面的差异，代际间有时难免会出现冲突。当这种冲突发生时，如何妥善处理就显得尤为重要。情感断绝❶作为处理代际间冲突的一种方式，通常发生在父母和子女之间。

情感断绝是指个体在面对代际间冲突时，选择切断或限制与对方的情感交流，以此来避免或减轻冲突带来的负面影响。虽然这种方式可能在短期内有助于缓解冲突，但从长远来看，它可能会对代际间的情感关系造成更大的伤害。

首先，情感断绝会削弱代际间的情感联系。当个体选择情感断绝时，他们之间的情感联系就会逐渐减少，甚至可能逐渐疏远。这种疏远不仅会导致双方之间的情感距离增加，还可能影响到家庭的整体氛围和凝聚力。

其次，情感断绝不利于个体的成长和发展。在代际间，父母通常扮演着引导者和支持者的角色，他们的经验和智慧对于子女的成长

---

❶ 易春丽、钱铭怡、章晓云：《Bowen 系统家庭的理论及治疗要点简介》，《中国心理卫生杂志》2004 年第 1 期。

具有重要的作用。然而，当情感交流被截断时，子女就无法从父母那里获得足够的支持和指导，这可能会对他们的成长和发展造成负面影响。

最后，情感断绝还可能导致代际间的误解和隔阂。由于情感交流的减少，父母和子女之间的理解可能会逐渐减少，甚至可能产生误解。这种误解不仅会影响到双方的情感关系，还可能对家庭的整体和谐产生负面影响。

因此，在处理代际间冲突时，我们应该尽量避免情感断绝的方式。相反，我们应该积极寻求有效的沟通和解决方式，以建立更加健康、和谐的代际间情感关系。这不仅可以促进家庭的和谐与稳定，还有助于个体的成长和发展。

2.3.1　多代传承

多代传承的过程（multigenerational transmission process）是固着于情感系统包括从一代传递给下一代的有主观决定的态度、价值观和信念。多代传承的假设是指前一代家庭中呈现出的问题对下一代家庭发展有传递作用。虽然我们试图对传承做出反抗但是它依旧紧紧地附着在我们身上。根据多代传承的理论，如果家庭中的孩子出现问题，那么问题不应该只归因于孩子，同样父母也不应该单单成为受指责的人，问题是多代传承的结果。在这个传承中所有的家庭成员都是参与者和反应者。这一点对家庭系统治疗是极为重要的。由于家庭中的问题有着多代传承的特征，为了对多代的家庭特征进行评估，Bowen 引进了家谱图这种技术。家谱图作为一种实用性的工具有利于我们更好地理解家庭的特征。标准的家谱图有希望成为追踪家庭历史和关系的一种通用的语言。

2.3.2　情感投射

情感投射是家庭系统中常见的现象，它指的是个体在无意识中将自身的情感、欲望、观念或冲动投射到他人身上，并认为对方也拥有这些特质或情感。

在家庭关系中，情感投射尤其普遍，因为它涉及亲密的、长期的关系，这些关系中的互动和沟通往往深入而复杂。情感投射在家庭系统中的表现形式多种多样。比如，一个父母可能将自己未实现的梦想或期望投射到子女身上，希望他们能够实现自己未竟的目标。或者，一个家庭成员可能将自己不喜欢的某些特质或情感投射到另一个成员身上，从而错误地认为是对方的问题，而不是自己的问题。

情感投射对于家庭关系的影响是双面的。一方面，它可能导致家庭成员之间的误解和冲突，当个体将自己的情感投射到他人身上时，他们可能会错误地解读对方的行为和意图，从而引发不必要的争执和矛盾。另一方面，情感投射也可能成为家庭成员之间建立深厚情感联系的一种方式，通过投射和接收投射，家庭成员可以更加深入地了解彼此，增进彼此之间的理解和信任。

然而，长期依赖情感投射来维系家庭关系并不是一种健康的方式，它可能会导致个体忽视自己的真实需求和感受，过度依赖他人来满足自己的情感需求。同时，长期接受他人投射的家庭成员也可能会感到压力和困扰，因为他们需要不断地应对来自他人的投射，而无法真正地表达自己的情感和需求。

2.4

心理剧

精神病理学家雅各布·莫雷诺（Jacob Levy Moreno）在1921年于维也纳首次采用心理剧的疗法，心理剧后在美国得到传播和发展。它通过特殊的戏剧形式，让参与者扮演不同的角色，以自发表演的方式将心理冲突和情绪问题呈现在舞台上，以此达到宣泄情绪、消除内心压力和自卑感，增强适应环境和克服危机的目的。

心理剧强调以行动来体验生命而非仅仅谈论问题，它整合了音乐、美术等多种元素与咨询技术，注重自发性与原创力以及互动关系。心理剧的过程通常包括暖身、演出和分享三个部分。暖身阶段是为了催化创造性潜能，建立团体成员之间的信任；演出阶段，导演和主角一起深入探讨问题的核心，调动团体成员作为辅角来表演剧情；分享阶段则是让团体成员宣泄情绪、进行反思并在安全的氛围中探索和整合个人经验。

心理剧的主要特点包括参与性、自创性、体验性、直观性、启发性和回味性。它不仅是一种治疗方法，也是一种教育工具，可以用于个体、团体、家庭和组织，帮助参与者通过角色扮演和模拟情景来理解和解决心理问题（图2-2）。

图2-2　心理剧的主要特点

2.4.1　心理剧适用的人群

（1）健康人群

心理剧疗法适用于各个年龄阶段的人群，无论是儿童、青少年还是成人，都可以通过戏剧表演的形式来探索和理解自己的内心世界。

（2）亚健康人群

情绪障碍、肢体残障、发展障碍等人群，往往面临更多的心理挑战和内在冲突，心理剧可以帮助他们通过表演来表达和释放内心的情感，促进自我认知和成长。

2.4.2　心理剧的场域

心理剧不仅适用于心理咨询机构、诊所、医院等医疗戒护或护理场所，还可以在学校、家庭咨询中心、监狱、疗养院等场所进行，以满足不同人群的需求。在实施过程中，我们需要对场域做一下设置（图2-3）。

（1）安全性

空间的安全性是至关重要的。这包括物理安全和情感安全。物理安全方面，确保场地没有潜在的危害，以及足够的通风和照明；情感安全方面，则需要营造一个接纳、理解和支持的氛围，让参与者感到被尊重、被接纳，没有评判和指责。

（2）私密性

心理剧通常需要参与者暴露一些个人化的、敏感的信息。因此，空间应具有一定的私密性，以保护参与者的隐私。

（3）灵活性

心理剧强调即兴表演和创造性表达，因此空间需要具有足够的灵活性，以适应不同的活动和场景。例如，场地可以方便地进行布置和重新布置，以满足不同活动的需要。

（4）舒适性

一个舒适的环境可以鼓励参与者更加放松和开放地表达自己。因此，空间应提供舒适的座椅、适当的温度和照明，以及放松和舒缓的音乐。

（5）表达性

空间应具有一定的表达性，能够激发参与者的创造力和想象力。这可以通过使用不同的颜色、材质、艺术品或装饰物来实现。例如，可以使用柔和的色彩、自然的材质和具有象征意义的艺术品来装饰空间。

图2-3　心理剧场域设置

（6）足够的空间

进行心理剧时，参与者可能需要进行身体活动和角色扮演，因此空间应足够宽敞，以容纳多人同时进行活动。

2.4.3 沉浸式实验心理剧的实施

沉浸式实验心理剧的实施通常包括以下几个基本步骤。

2.4.3.1 准备阶段

（1）确定主题

根据心理剧的目标群体（如学生、企业员工等）和当前普遍存在的心理问题，选择一个可以引起共鸣且具有教育意义的主题。主题应贴近参与者的日常生活，能够引发目标群体深入的思考和情感共鸣。

（2）角色设定

根据主题设定不同的角色，包括主角、替身、辅角等。每个角色都有其特定的性格特点和心理特征，以便于在表演中展现丰富的心理状态和情感变化（图2-4）。

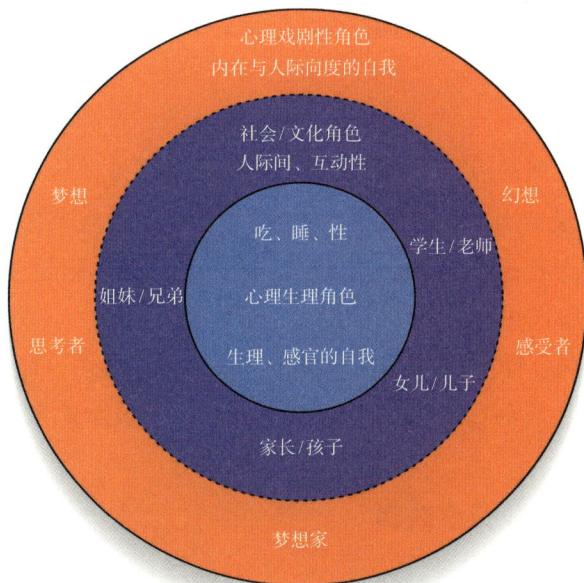

图2-4 心理剧中的角色

（3）剧本创作

心理剧一般不需要严格的剧本，但通常需要有一个大致的剧情框架和主要事件。剧情应围绕主角的心理困惑和冲突展开，通过具体的情节来展现主角的心理发展历程和解决方案。

（4）选角与排练

根据参与者的特点和能力选择适合的角色，并进行排练。在排练过程中，注意角色的情感表达和心理状态的变化，确保演出效果。

（5）场景布置

根据剧情需要选择合适的场地，并进行布置。场景应与所表达的内心世界相契合，能够催化主角的情绪和情感表达。

2.4.3.2 热身阶段

（1）暖身活动

通过各种活动帮助参与者卸下面具、接触自我并暖化肢体。暖身活动可以包括戏剧游戏、团体互动游戏、绘画、音乐等，以激发参与者的积极性和创造性。

（2）产生主角

在暖身活动调动参与者的意愿后，通过个人意愿、团体选择或导演选择等方式产生本次心理剧的主角。

2.4.3.3 演出阶段

（1）表演

主角在导演的引导下，将内心的事件通过肢体体验或行动等表达方式具象地呈现出来。这个过程中，主角将重新进入事件发生时的场景，重新体会和领悟，以新的观点和态度来面对旧的问题。

（2）导演支持

导演使用各种技术，如替身、辅角等，帮助主角更好地表达内心感受和情感变化。同时，导演还需要控制剧情节奏，确保演出的顺利进行。

2.4.3.4 分享阶段

（1）分享感受

演出结束后，团体成员分享得到的经验与感受。这个阶段需要遵循一定的原则，如不分析、不建议、不讲大道理、不比较、不评判，只能分享自己内心被剧所触动的经验与感觉。

（2）导演反馈

导演可以根据演出效果和成员分享的感受，给予必要的反馈和指导。同时，导演也可以借此机会关怀有类似感受的成员，进一步探索其心理问题并提供帮助。

2.4.3.5 审视与总结

（1）审视过程

在训练导演、督导或研究时，可以对心理剧的过程进行审视。这有助于了解主角在心理剧过程中所经历的流程，分析导演导剧的流程及其使用的技术，从而促进导演在专业上和技术上的进步。

（2）总结经验

对整个心理剧的实施过程进行总结，提炼成功经验和不足之处。这些经验可以为未来的心理剧活动提供有益的参考和借鉴。

心理剧的实施需要由经验丰富的导演指导，以确保过程的安全和有效性。导演负责引导整个活动，确保参与者能够在一个支持性的环境中探索和解决问题。

2.5
艺术疗愈实践：T大学生命成长教学案例沉浸式实验心理剧——《嗨！室友》

与传统话剧相比，沉浸式心理剧不仅打破了传统戏剧第四堵墙的剧场规则，引入创新的舞台空间，也重新定义了观众和演员的关系。观众不再是被动的戏剧旁观者，成为戏剧的一部分。该剧将宿舍作为戏剧发生的场域空间，巧妙地将青春后期和成年早期人格发展过程中必须经历各类矛盾冲突，将大学生活中的四大主题"知识积累、自我同一性构建、亲密关系探寻、社会关系的建立"淋漓尽致地展现在宿舍的"小舞台"之中。

2.5.1 准备阶段

大学生宿舍作为学生学习、生活的重要场所，其具有一系列独特的特点，是集体性、共享性、多元化、自主性、社交性、学习与休息平衡、规章制度约束以及文化氛围营造一体化的特殊场所（图2-5）。这些特点既反映了学生群体的生活习惯，也体现了校园文化的特色。由于学生来自不同的地区，家庭背景、性格特点和兴趣爱好均有所不同，经常出现各种矛盾冲突是一种常态。这为戏剧提供了丰富的剧本内容与角色扮演的可能性。

图2-5　大学生宿舍

前期准备工作包括确定主题、角色设定、剧本创作、选角与排练、场景布置等。主题方面既有导演组在课堂中征集的题目，也有演员组日常生活、学习中遇到的困惑；角色扮演，以表演专业和非表演专业的学生为主，现场可以有观众加入；场景布置于学生宿舍的公共空间。

《嗨！室友》主题心理剧围绕大学生自我同一性探索、亲密关系建立、人际关系处理、学业就业压力等问题，形成一系列不同主题的演出（图2-6）。

2.5.2　热身阶段

热身活动可以是剧组主创人员的沙龙、教师课堂的讨论、学生宿舍里的分享，目的是帮助主要参与者卸下面具，对已经设定的剧本内容、角色进行分析与理解，以及可能在演出过程中，对由于观众加入可能会出现新的问题做出预判。

2.5.3　演出阶段

在导演（疗愈师）的引导下，将内心的事件通过肢体体验或行动

图2-6　心理剧海报

等表达方式具象地呈现出来。这个过程中，主角将重新进入事件发生时的场景，重新体会和领悟，以新的观点和态度来面对旧的问题。此时，需要导演（疗愈师）具有丰富经验和良好的场控能力，既能帮助主角更好地表达内心感受和情感变化。同时，还需要控制剧情节奏，确保演出的顺利进行（图2-7）。

图2-7　心理剧现场

2.5.4　演出复盘与讨论

演出结束后，所有演职人员须保持中立的态度，线下分享演出过程中的经验与感受。观众可以在线上社群分享自己内心被心理剧所触动的经验与感觉。

导演（疗愈师）根据演出效果和成员分享的感受，给予必要的反馈和指导。同时对有需求的演员和观众，会进一步探索其心理问题并提供帮助。

延伸阅读

剧本片段

某大学女生宿舍，傍晚时分，室内灯光温馨，四张床铺，桌上散落着书籍和日常用品。

人物：

1.小涵：宿舍长，理性冷静，关心室友。

2.莉莉：追求时尚，喜欢购物，最近陷入校园贷困境。

3.小琪：勤奋好学，对金钱有合理规划。

4.莹宝：好奇心强，对莉莉的购物行为感到不解。

（幕启，小涵正在整理书桌，莉莉在试穿新买的衣服，小琪在看书，莹宝在一旁玩手机）

莹宝：（好奇）莉莉，你这件衣服真好看，是新买的吗？

莉莉：（微笑）是啊，昨天刚买的，打折的时候入的。

小琪：（抬头）你最近好像买了很多东西，钱够用吗？

莉莉：（笑容有些勉强）还……还好吧，我最近在做兼职，能赚点儿外快。

小涵：（敏锐）莉莉，你这件衣服价格不便宜，你哪来钱，你是不是借了校园贷？

莉莉：（惊讶）你……你怎么知道？

莹宝：（惊讶）校园贷？那是什么？

小琪：（皱眉）班会上老师不是说过嘛！校园贷利息很高，涉及金融诈骗，而且容易陷入债务危机。

莉莉：（低头）我……我只是想买些自己喜欢的东西，没想到会越借越多。

小涵：（严肃）莉莉，校园贷是个无底洞，你得赶紧想办法还上，不然利息会越滚越多。

莹宝：（担忧）是啊，莉莉，你得跟我们说实话，你到底借了多少钱？

莉莉：（哽咽）我……我借了一万。

小琪：（惊讶）这么多！你得赶紧跟家里说，让他们帮你一起想办法还。

莉莉：（摇头）我不敢，我怕他们骂我，说我乱花钱。

小涵：（坚定）莉莉，现在最重要的是解决问题，不是逃避。你可以先找一份稳定的兼职，然后制订一个还款计划。

莹宝：（点头）对，我们也可以帮你一起想办法，比如帮你找兼职或者帮你省钱。

小琪：（认真）还有，你得学会控制自己的购物欲望，不要盲目跟风，要买自己真正需要的东西。

莉莉：（感动）不瞒你们，我爸有钱，但是他们重男轻女，对我可抠门了，我就是要用这种方式让他们知道，我也是他们的孩子。

小涵：你都离开他们了，完全可以独立，何必为自己不能改变的事情惩罚自己。借钱是一定要还的，你想过还不上的后果吗？

小琪：我网上看到，校园贷不换，是会被讹诈威胁，打电话给老师、家长，甚至拍裸照上网公布什么的，可吓人了。

莉莉：你们不要吓我啊，我看看我到底需要还多少钱？（查看手机）天啊，我欠了7万多，可是……可是……我只借了1万多，我怎么办啊？我怎么这么会这样啊？我该怎么办呢？

莹宝：得了得了，现在说什么也没用，还是想想办法吧。

（灯光暗，字幕起，邀请观众参与讨论，也可以参与到问题解决模式状态的表演，时长3分钟）

旁白：此刻，四位同学都陷入沉思，他们会怎么解决呢？现场的你可以一起加入我们的队伍中，找出解决的办法。

（此时，灯光渐亮，莉莉的手机响起，支付宝到账提示音）

众人：（齐刷刷看向手机）

莉莉：（慌忙打开手机）小琪你……

小琪：（微笑）莉莉，我这打工存了点儿钱，虽然不够，但是能帮一点儿是一点儿嘛。

莉莉：（眼泪汪汪）小琪……

（莉莉的手机再次响起，连续的支付宝到账提示音。莉莉看向小涵、莹宝）

小涵：（拿出手机）我这就剩5千元了，昨天正好生活费给我打过来了，你先都拿着应急吧。

莹宝：（笑）还好我有每个月存钱的习惯，当时还想着每个月存点钱可以假期和石俊一起出去旅游呢，哈哈，现在这个钱也用不着了，你拿着吧莉莉。

莉莉：（感动地看着大家）谢谢，谢谢你们。

小琪：（坚定）莉莉，虽然我们可能在金钱上并不能马上帮你解决问题，但是齐心协力总比你一个人偷偷摸摸忙活强呀。

莹宝：（点头）是啊，莉莉。我们再想想怎么办。一定可以把钱凑上的。

（众人围坐在莉莉身边，气氛温馨而坚定）

小琪：我还在想，这个校园贷的事情，是否要告诉辅导员啊？以免更多的同学上当？

莹宝：是的是的，我们还是要和辅导员班主任说一声的。莉莉，你也应该找机会和爸妈说清楚，否则你一直要说谎，多难受啊。

莉莉：谢谢你们，我真的不知道该怎么办才好。有你们在我身边，我感觉好多了。

小涵：（微笑）没事，我们是室友，当然要互相帮助。不过，你得记住，以后不要再轻易借校园贷了，要对自己的未来负责。

（众人点头，气氛逐渐温馨和谐）

（幕落，宿舍内一片宁静，只留下轻轻的交谈声和窗外偶尔传来的鸟鸣声）

第三课
生命的孤独与丰富

问题的提出

1.我是谁？我从哪里来？——从画树开始认识自己。

2.树林里的那棵树——既能看到群体中的个体，又能欣赏自己的独特。

3.如何为生命注入多姿多彩——建造自己的心灵花园。

知识点

基本理论	表达性疗愈媒介	目标
人格发展八阶段理论、性心理发育阶段理论、树木画	铅笔画：《画一棵树》	1.对自我的初识：我是谁，从哪里来？ 2.回溯成长历程，脾气性格，遇到过的创伤，人格逐渐形成
孤独理论、正念、意象对话、禅绕画	禅绕与想象绘画：《一棵独一无二的树》	1.讨论人际孤独相关困惑 2.通过引导与想象，与内在树木进行对话 3.对树的整体和每一个组成部分进行逐一、有序、仔细的观察，提升对自体的感知力，发现自己的独特之处，唤起内在情感联结，促进自我认可与自我欣赏，激发"树"原本的力量
需要层次理论、积极想象、园艺与疗愈、禅绕画	禅绕创意画：《我的心灵花园》	1.引入心理学家的园艺故事 2.鉴赏植物；发现生活中的美 3.经由五感体验自然之美，结合审美想象，用绘画与手工的表达方式，建造自己内心的花园，滋养心灵居所

通过连续性的艺术表达心理疗愈课程，培养学生"在生活中发现美"的敏感性，增强个体对环境的感知力，拓展自我意识。在遇到成长过程中各类孤独议题时，认识孤独本身，才能与之相处，无所畏惧。孤独与丰富，它们并不是矛盾体，此一时彼一时，在人生不同的发展阶段，交织更替，相得益彰。学生在团体中，既能彼此照见、获得养分；又能自给自足、丰盈内在，增强自信与自我认同感。学习在孤独中思考，如何与自我相处，丰富自己的人生。

米兰·昆德拉（Milan Kundera）说："生命是一棵长满可能的树。树作为一个古老的物种，有其旺盛的生命力和智慧的生存之道。"生命犹如一棵树。空中飘来一颗种子，落入泥土中，经过灌溉，种子破土而出，长成苗，长成树。风吹雨打，春去秋来，开花结果，精彩与衰败，周而复始。纵向来看，树向上生长，就像时间的滚轮只会朝前，生命的发展要么往前，要么终止，要么走走停停，但它不会倒退，这就是经度。而人生，不单只是纵向生长，树的成长历程中，每个断面都自成一个纬度，每一圈的年轮都在诉说着经历中的宽厚，每一个枝丫的分岔口又会冒出新的枝丫，象征着新的希望与不同的可能。树叶、花朵、果实等，都在诉说着人生的丰富。

3.1

孤独理论

3.1.1　弗洛姆的孤独理论

孤独是任何人都会有的一种感觉，一种主观体验。

正是由于弗洛姆（Fromm）不同寻常的人生经历，他对"孤独"有自己的独到见解：孤独，并不是一个人主观感觉方面的心理问题，而是整个人类必须客观面对的一个重要事实。弗洛姆曾说："孤独是人类赖以发展的基础。人类在生物学上的弱点是人类文化产生的条件。"弗洛姆所提到的"孤独"具有以下四个特征：第一，孤独是先天的而非后天的。第二，孤独为人类所共有而非个人所特有。第三，孤独是一个客观事实，它一直存在于人的体内，我们常因感知受限而没有发现它的存在；反过来，如果孤独感过载，也可能患上精神疾病。第四，孤独是个重要的哲学问题，而非简单的心理问题。孤独有时需要借助自我调适、他人协助来解决，如交互型的社会活动、接受心理咨询与治疗等。弗洛姆认为：在所有的恐惧中，精神上的孤独最为可怕，为了克服孤独，人们可能会竭尽全力乃至危及生命。

弗洛姆的孤独—社会性格理论有弗洛伊德的"个体孤独"和赖希的"群体独裁说"理论基础。

（1）个体孤独

弗洛伊德（Freud）将孤独放在个体结构的范畴中，弗洛伊德性心理发育阶段理论提到：人的生长发育应包含个体的生理、心理的成熟以及个体的社会化过程。精神分析学派的发展心理学观点根据个体的内驱力发展、客体关系建立和自我的形成来阐述人的心理发育过程。弗洛伊德将性心理发育阶段分为：出生前期、口欲期（0～1岁）、肛欲期（1～3岁）、俄狄浦斯期（3～5岁）、潜伏期（5～9岁）、青春期（9～20岁）、成年早期（20～35岁）、成年中期（35～50岁）、成年后期（50～65岁）和老年期（65岁以后）。

在心理发育阶段里，每一阶段满足需求的方式如果没有被新一阶段更成熟的方式所更替，这些旧有的方式部分或全部以强烈而持久的状态保留下来，就会影响下一阶段的心理发育，我们称为"固着"在某个发展阶段。这种情况常常是潜意识的，是成人期的神经症形成的主要原因，此时也会表现出神经症性的孤独状态。因此，儿童期的基本经历、内心冲突和精神创伤是成人神经症、心身疾病甚至精神病发生的原因。

（2）群体孤独

继弗洛伊德个体孤独理论之后，同为精神分析学派主要代表人物赖希（Reich）提出了他的"群体独裁说"，该理论深受时代背景的影响。精神分析学派另一主要代表人物弗洛姆所著的《逃避自由》在理论观点方面从某种角度来看也基本上认可了赖希的"群体独裁说"。但他并不满足于赖希的理论，而是在此基础上提出了包括群体独裁、群体破坏和群体自适应的"群体孤独说"（图3-1）。

图3-1　人群中的孤独

人们似乎完全接受与承袭了当时社会给予的角色需要，个体的性格特点变得模糊而难以识别，每个人像是被复制出来似的，个体向群体趋同，因而不再感到恐惧与孤独，但同时，也放弃了自我的发展。

正是在个体孤独和群体孤独的基础上，弗洛姆形成了他的孤独—社会性格理论。

（3）孤独：社会性格

在《逃避自由》中，弗洛姆探讨了在当今文化下自由对现代人的意义。"要想获得真正的自由，独立面对事物，就必须具备经得起集体思维诱惑而不可动摇的独立。真正的自由只能在孤独中产生。"

如今，随着经济与科技的高速发展，人们一方面在各个领域取得划时代的突破，同时也在智力、感情、人际等方面感受到压力。在实现个体自我价值的同时，可能也伴随着焦虑、空虚、脆弱、失落等社会群体孤独的特点与集体无意识。

弗洛姆孤独—社会性格理论结合了弗洛伊德的个人性格论和马克思的政治经济观。弗洛姆阐明了社会性格是联结经济基础和上层建筑的纽带，是同一个文化时期同一地域绝大多数人所共有的性格结构中的核心部分。社会性格不是个人性格，而是整个社会结构（包括经济基础与上层建筑）的一个有机组成部分，是由社会结构来决定其社会功能的。婴儿也具有社会性格，家庭是一个"小社会"，婴儿在被养育的过程中，同样获得社会性格的建构。

3.1.2　欧文·亚隆的孤独理论

孤独是必然的。

存在主义的背景下界定孤独的含义有三种：人际孤独、心理孤独和存在孤独。

（1）人际孤独

通常是指在与他人分离时，人们感受到的寂寞。它可能是许多不同因素作用的产物，如地域的隔绝，缺乏适当的社交能力与技巧，在人际关系上存在严重的冲突，或因为某种人格特点妨碍个体在人际交往中获得满足，文化因素在人际孤独中也起着重要的作用。

（2）心理孤独

是指人把自己内心分割成不同部分的过程。弗洛伊德用"隔离"来描述的一种防御机制。对不愉快的体验，个体下意识会去除其中不想要的情绪，阻断它们的来龙去脉，使得这种体验脱离通常的思维过程。

（3）存在孤独

指的是个体和任何其他生命之间存在着的无法跨越的鸿沟，是一种更基本、底层的隔绝。可以是个体和世界的隔绝、个体和他人的隔绝或者和部分自我隔绝，因存在而存在的孤独。即便和他人有着看似和谐的人际沟通，或是有着较高程度的自我认知，都不妨碍这种孤独的存在。

人际孤独、心理孤独和存在孤独有着密切的关系，他们之间可能有相似的主观体验和内在感受，我们常常会把某一种孤独当作另一种孤独。这几种孤独有区别，但他们的界限并不清晰。

每个人的成长过程也是分离的过程，同时也是自主、自立的过程，一个逐渐独立、成为自己的过程。人类的生命起源于精子和卵子的结合，经历了完全依赖于母亲的胚胎期后，再进入物质和情感上依赖于照护人的阶段，之后个体逐渐建立了自身的边界，明确自己和他人的界限，逐渐成长为独立的、和他人分离的、自主的人。没有分离就没有成长，分离和成长的过程便伴随着孤独（图3-2）。

3.2
需求层次理论

马斯洛（Maslow）在人类成长和发展的层面上进行了开创性的研究，探索了人性中全面而又丰富的复杂性。马斯洛的动机理论也称为人格发展理论。

马斯洛善于提出人类发展的重要问题，这些问题都是人们生存和生活的核心问题。比如，人的一生必须具备哪些能力？人类如何达到快乐，富有创造力，以及满足自己的需要？人类如何判断自己是否已经实现自己想要达到的层次？人类如何超越自己早年的不成熟和不安全感？是什么在促进人类的心理健康发展？

关于创造性的问题，激励着人们进一步探索和洞察人性。那些自我实现的人，已经达到成熟、健康和自我满足的高层次，他们的总结对我们很有启发。

图3-2　孤独的滋味

马斯洛在《动机与人格》一书中，将动机视为由多种不同性质的需求所组成，故而称为需求层次论（Maslow's hierarchy of needs）。1954年的第一版将动机分为5个层次：生理需求、安全需求、爱与归属的需求、尊重需求和自我实现的需求。1970年第二版与1987年第三版的修订将动机分为7个层次（图3-3）：

①生理需求，指维持生存及延续种族的需求；

②安全需求，指希望受到保护与免于遭受威胁从而获得安全的需求；

③归属与爱的需求，指被人接纳、爱护、关注、鼓励及支持等的需求；

④自尊需求，指获取并维护个人自尊心的需求；

⑤认知的需求，指对己对人对事物变化有所理解的需求；

⑥审美的需求，指对美好事物欣赏并希望周遭事物有秩序、有结

图3-3　马斯洛需求层次理论

构、顺自然、循真理等心理需求；

⑦自我实现需求，指在精神上臻于真善美，及至高人生境界的需求，即个人所有理想全部实现，所有需求全都满足。

马斯洛的需要层次理论把人类复杂多样的需求从低到高分为七大类，并把其中较低的前四层，即生理需求、安全需求、归属与爱的需求、尊重需求称为基本需求，这些需求都是由生理上或心理上有某些不足与欠缺而产生的，在满足这些需要的时候，需要依赖于外界，这四个层次又称匮乏性或缺失性的需求。把较为高级的后三层，即认知需求、审美需求和自我实现需求称为心理需求或成长需求。这些层次不回避挑战，甚至刻意追求挑战；不回避紧张状态，甚至刻意保持适度的紧张状态。自我实现主导了成长性需要的发展趋向。

各层需求之间不但有高低之分，而且有前后顺序之别。只有低一层需求获得满足之后，高一层的需求才会出现。满足个体的基本需求，有助于激发更高层次的需求。生活在高需求层次的人意味着他们物质充裕，内在精神生活富足。当个体的高层次需求满足之后，自我实现的可能性才会越大。

自我实现者所欣赏的价值包括真理、创造、美、仁慈、完整、活力、独特、正义、率真和自我满足等。

3.3

园艺美学与心理疗愈

苏美尔神话故事里，讲述了园艺艺术的由来，也讲到了园艺师和大地神圣的关系。其中有一则故事说到有一位园丁，他在努力地与烈日和强风对抗，但是无论他再怎么保护与浇灌，花园里的植物还是被烈日烤干，日渐枯萎，风沙肆虐下，这片土地很难长好植物。有一天，他看到远方天地之间有一棵树，这棵树有着茂密的树冠，树荫下植物茂盛。园丁发现了大自然的神圣法则，于是他开始改造自己的花园，种下了一些树，这些树长大以后成为了花园里花草的庇护。无论是树，还是花，都繁荣生长起来。这是神话故事中的一个片段。

我们赖以生存的地球和自然界是一个活生生的连续体，若是过度使用和破坏，必将为之付出沉重代价。荣格明白古人和土地联结的情感与价值，它不仅仅是物理上的，更是精神上的联结。他认为现代社会中，许多问题的核心是被连根拔起的。太多的都市居民失去了体验与自然联结的机会，无论生活在多么先进的现代世界，我们的祖先还是给我们留下了许多未开采的资源。在人类发展史上，现代人不过也就是"最新成熟的果实"罢了，我们须与"自我存在中深藏的大地母亲"重新联结起来。在荣格看来，解决的方法并不是在野外迷失自己，那可能是一种逃避。我们可能需要直接去接触土壤，以及在土壤里创造出生命。荣格自己栽种马铃薯，这个过程让他直接体会到快乐，他相信"每个人其实都有自己的一块地，可以让他们本能地复活"，这是事实，也是一个隐喻。

在花园里劳作，会让人们充满活力，同时发展出关照自我和照料他人的能力，以及延续生命的本能。祖先在我们内心深处，埋下了与自然、与农作物建立关系的本能。尽管现代化文明迭代，但到了每年的一些时节（比如节气），我们仍然会依照古老的自然规律行其事。

在建造自己的花园时，我们必然会面对比自己更强大的力量，花园中的植物也都是有生命的活物，是属于他自己的存在，花卉的成长衰败是我们无法完全掌控的。照顾花园是个体与花园相互影响的关系与过程。我们建构花园，花园同时也在建构我们，照顾植物就像照顾我们自己，这就是园艺师自身的成长（图3-4）。

弗洛伊德也深爱花卉。小时候，他在维也纳附近的树林里收集罕见的植物与花朵样本。他和花朵的关系日渐亲密，差不多算是个植物学家了，自然界的美丽赋予弗洛伊德很大的创意空间。长大后，他也常常在树林里散步与写作，夏天，他会去阿尔卑斯山度假。他将自己对自然的爱意，也传承给了自己的孩子，教他们辨认野花、浆果与菌菇。弗洛伊德将自然赋予的美感形容为"一种奇妙而微醺的感觉"，这种内心感受，虽然无法直接帮助我们驱逐伤痛和保护我们，但仍为我

图 3-4　花园一景

们带来了精神愉悦与内心满足。

伦敦大学神经美学教授塞米尔·泽奇（Semir Zeki）认为，我们对美丽事物的需求深埋在基因里。他的研究显示，无论美的来源是什么，无论我们用了哪些感官触及美的体验，必然引发独特的神经活动，研究者能够透过大脑扫描成像的方式观察到这些规律的变化。泽奇的实验里，被试者会听音乐、看画作，以及接触有美感的抽象数学方程式，这些被试者中也包括数学家，当被唤起对美的体验时，都会在他们大脑框额皮质内侧、前扣带皮质与尾状核的区域（负责愉悦与奖励的，同时也是与浪漫亲密情感相关的脑区），引起相同模式的反应。除了愉悦、奖励与爱之外，这些区域还在整合思想、感受与动机这些方面有所贡献，能够促进我们的多巴胺、血清素与内啡肽的生成，缓解恐惧情绪与降低压力反应。因此，美的事物不仅可以能让我们镇定下来，还能帮助我们恢复体能与生机。

人们对美产生反应，其中包括了对有规律性的、流畅的、重复的、有美感的形式，而花朵形态结构中展现出来的自然界简单的几何形状，是最打动人性的一种原始之美。我们看到自然界中很多花朵都有五片花瓣，排成由中间向外辐射且对称的五边形，无论一朵花的结构有多复杂或简单，都会展现出平衡与和谐的美感，犹如悦耳动听的天籁之音、赏心悦目的画作、抽象有序的数学图式，植物结构图形，在人类文明演进过程中，扮演着重要的角色。

心理学与遗传学研究者认为，人类远祖种植花卉的动机很有可能是为了让心情愉悦，栽种花卉在生态系统中的生态位，等同于它们在人类心目中的情绪地位。花朵能改善我们的心情，丰富我们的情感生活。

弗洛伊德年轻时追求玛莎，就是用红玫瑰打头阵。两个人订婚的那年夏天，玛莎在一幢带有美丽花园的房子里度假，一天晚上，弗洛伊德给她写情书，大意是这样：真羡慕这里的园艺师，在花园里遇上我亲爱的甜心，我为什么要去当一名医生或作家呢，如果你需要有人来为你照料花园，我愿意成为那个园艺小伙，对公主说早安，并献上一束为你精心修剪的美丽鲜花，只为赢得你的香吻。这时的弗洛伊德27岁，刚开始他的医学事业，十九年之后，他发表了著作《梦的解析》。弗洛伊德说他想成为园艺师，可能也是夏日里年轻恋人们充满幻想与激情的白日梦，不过他确实深爱着花园，在他的著作里我们也经常看到他对植物与花卉的描写。

弗洛伊德在维也纳的家里，有一座小型中庭花园，从书房可以看到花园里的莱姆树与七叶树。玛莎会在玻璃阳台上种花，也会从市场里买鲜花回来装点家里。很多弗洛伊德的患者惊讶地表示，咨询室比他们想象中舒适与温馨。弗洛伊德不仅会在桌上展示古董，也会布置当季的鲜花，有红色郁金香、水仙花，或是兰花等。花朵能够让人们平复心情，缓解烦躁，我们是否意识到花卉与屋内的布置已然参与到了治疗之中（图3-5）。

在弗洛伊德时代，奥地利人深信，大自然有帮助人恢复健康的力量，大自然本身就是一味治疗良方，不仅疗愈身体，也滋养和净化心灵。沉浸于自然环境中，有助于恢复我们的精神面貌，重新唤起生命的力量。

科技高速发展的今天，想要亲手创建一个属于自己的花园真是难

图3-5 一组花卉

能可贵。我们在忙碌的工作与学习之余，如何实现这样动人的幻想呢？在本章的第三个课程介绍里，我们结合了正念、积极想象、绘画手工、叙事、音乐等方法，运用绘画材料和采集来的树叶，在画纸上拼贴与绘画，实现自己"微观花园"的设计与建造，在客观现实与心理愿望之间架起一座联结的桥梁，为心灵带来些许抚慰与滋养。

3.4

技术小锦囊

3.4.1 树木—人格测试与绘画疗愈

树木—人格测试由瑞士心理学家科赫（K.Koch）开发的投射心理测试（图3-6）。树木测试被公认为在分析相对正常的成人人格时，是合适且常用的主题。这个方法是了解人们心理特征的途径，也是投射测试中的入门级测试。科赫的树木—人格测试与巴克（John Buck）的房—树—人测试（House-Tree-Person Test），以及匈牙利的卡洛礼·阿贝尔（Karoly Abel）对测试经验与思想梳理成型，都纳入了分析性的体系中。吉沅洪教授将身心较为健康的成年人作为被试对象，进行了大量的树木画研究，以及结合临床心理咨询与分析工作，理论体系符合大学生这个年龄发展阶段。

在树木—人格测试中运用了心理投射原理。投射研究可追溯到19世纪后半叶，以20世纪40～50年代为最盛期。弗朗西斯·高尔顿（Francis Galton）、埃米尔·克雷佩林（Emil Kraepelin）、威廉·冯特（Wilhelm Wundt）、卡尔·荣格（Carl Gustav Jung）的词语联想实验；赫曼·罗夏（Hermann Rorschach）的罗夏测试；默里与摩尔根（Murray & Morgan）设计的TAT主题统觉测试等，以及后期发展起来更多的观察、研究与个体人格测试，广泛应用于手指画、自由画、手工、沙盘、黏土、游戏、心理剧、戏剧与舞动等艺术表现中。在树木—人格画中，投射法将人们无意识的愿望、情绪、情感、经历与经验等通过绘画表达的中间介质，将意象直接反映在纸上，绕开了戒备心理与理性防御，直达心灵深处。

绘画过程本身就有着疗愈的功能，同时我们在艺术表达中探寻象征的意义。树木绘画的操作简单易行，能够引发人们参与创作的兴趣，在作品中直接表现大量且丰富的信息元素，这个过程有趣而又轻松。

图3-6 树木—人格测试

3.4.2 积极想象与象征表达

荣格的分析性方法是源于想象的自然疗愈功能，所有创造性艺术心理治疗，包括绘画、舞动、音乐、戏剧、诗歌，还有沙盘游戏的根源，可追溯到荣格的早期贡献。荣格在 1913～1916 年发现了积极想象；1925 年他讲述了令人印象深刻的具有自我疗愈性与实验性的故事。这些都是从他重新认识儿童时期象征性的游戏开始，当他继续他的搭建游戏时，幻想如长流不息的溪水不断涌现，用特定的想象程序进行自我实验。经过一段时间后，他意识到，当他设法把自己的情绪转为意象时，他感到内心的平静和安宁。于是他有意识地去找寻隐藏在情绪中的意象。他使用多种表达性技术，如书写、素描、绘画等，以赋予他体验象征性形态。

在象征性表达和无意识成形或认同的状态之间进行区分是很重要的。对荣格来说，积极想象最大的好处就是把自己和无意识的内容区分开来。在他无意识打开自己并投入幻想时，可以尽力维持一种自省与有意识的状态，将自己的好奇心转向想象空间中的内在世界，同时，保持警觉和专注。在形成大量能量释放的过程中也使他找到一个新的方向。最终，积极想象的经验塑造了他的人生。

积极想象，是一种自然的、与生俱来的过程。我们可以学习这个过程，但它不算是一种技术，不算是一种治疗手段，而是一种内在的需要。

3.4.3 正念与觉察

正念是一种专注于当下的体验，包括身体感受、感知、情绪等，觉察到心、身、意识之间的相互作用与影响，同时也对自身所处的环境与情境有所觉知，对此时此刻、此情此景不加评判，只作如实观之。我们经常通过调整呼吸、感知当下、全身扫描等练习来达到正念的目标，以此培养对内对外的觉知，回归平衡与平和，更好地认识自身，认识自己与外在世界的关系。

正念现已成为一项心理学研究方向与心理治疗技术。生物学家乔·卡巴金（Jon Kabat-Zinn），将东方传统技术与西医相结合，试图将身体和心灵整合，以治愈躯体症状和心理困扰，1979 年他在马萨诸塞州大学医学院创立了正念减压课程（mindfulness-based stress reduction，MBSR），此后，正念被广泛应用于心理健康和医疗领域。

3.4.4　禅绕画方式与创作拓展

"Anything is possible, one stroke at a time."（一笔一画，无限可能。）是禅绕画创始人瑞克（Rick）和玛利亚（Maria）曾说过的一句话。禅绕画，不预设画面效果，在既定好的范围里，通过重复简单笔画或图样来创作出自由而美丽的图画，它是一种治愈心灵的绘画方式。

在绘画的过程中，或许你会听到笔触划过纸面与心灵碰撞的声音，或许你跌宕起伏的心情开始平复下来，或许你此刻的思绪被带到遥不可及的远方，或许……不知道会发生什么，但改变已经开始。

在创作禅绕画的过程中，没有对错好坏，放下评判与期待，笔墨走向哪，哪里就是一段崭新的旅程。禅绕画带领我们从各个角度欣赏自己的作品、欣赏团体中其他人的作品。我们并不着力于作品完成的结果，而是专注于绘画与创作的过程。禅绕画创作与欣赏本身就具有疗愈效果。

随着近年来禅绕画不断的实践，我们不断拓展绘制禅绕画的媒介，以及各种媒介材料组合使用（图3-7）。例如在石头上画、在树叶上画、在餐具上画、在纺织材料上画（T恤、裙子、卫衣、布袋等）、在箱包上画或印制，将树叶、贴纸等用拼贴画的方式融入绘画创作，还有壁画、工业设计等。

图3-7　在布袋与扇子上绘制禅绕画作品

3.5

艺术疗愈实践：树之成长系列三堂课

我们从"画一棵树"开始，将个体隐喻为一棵树，带大家从人之初开始，探索自己的由来、人格的形成；成长的过程中，我们时而在人群中穿梭，时而独自前行，在曾经或正在经历的孤独中，对自己、对周遭多了些许理解与接纳，我们在树林里发现那"一棵独一无二的树"；继续漫步人生路，随着探索的深入，在心灵深处与自己相遇，我们发现自己的内在需求，去建造属于"我的心灵花园"，在多姿多态的历程中，发现人生中的丰富多彩。

树之成长系列三堂课，是较为基础版的人生成长探索之旅，理论背景包括：人格发展阶段理论、性心理发育阶段理论、孤独理论、需要层次理论等；在技术层面应用到了：树木—人格测试、表达性艺术治疗、禅绕画、正念、意象对话、积极想象等；不但将心理与绘画、音乐相结合，还与园艺美学与森林疗愈等领域自然融合。

这三堂课的发展逻辑一环扣一环，结构层次由浅入深，既可以形成系列开展实践，也可以拆分为独立的某一堂课；另外，我们还为这个系列做了课程拓展，设计了一个七堂系列课的课程结构表，供艺术疗愈师们参考。

3.5.1　画一棵树

（1）课前准备

A4 白纸或 16K 大小约 120 克以上的绘画用纸、2B 或 4B 铅笔、橡皮。

（2）课程用时

90 分钟。

（3）课程结构

①讨论与"自我"有关的话题，我们是否了解目前自身的状态，如性格、喜好、环境适应能力、交友与人际关系、不同成长阶段的思考与困惑、对发展的考虑等，引发对自己的好奇。

②简单说明我们将开始作画，"树木画"与探索自我相关联，可以帮助我们更了解自己。

③介绍工具，将纸以竖着的方向发给学生。

图3-8　认真地画一棵树

④清理桌面，确认自己的材料与工具，调整坐姿，做几个深呼吸，清空大脑，准备绘画（图3-8）。

【树木画引导词】

请你画一棵树，认真地画。（关键句）

在你面前有一张纸、一支笔、一块橡皮，没有其他辅助工具。请你用铅笔在这张白纸上画一棵树，需要涂改时可用橡皮。你有充足的时间可以自由地画。要求只有一个，请认真地画。除此之外，没有什么其他要求，想怎么画就怎么画，尽情投入绘画之中。完成作品后，请在作品背面写上自己的姓名、年龄、画画时的想法与体会并为作品起名，有时间的话可以写一个故事。

在学生绘画的过程中，带领者可以巡视课堂，也可以安静地坐着等待，适时地关照学生有何需要。

⑤完成树木画作品后分组讨论。

a.两人一组，轮流向对方介绍自己的作品，主题与故事，创作过程中情绪、想法与感受，都可以表达与交流，也可以介绍自己。

b.分组讨论，组员需注意应以尊重和保护为前提。如果涉及个人隐私或早年创伤，请学生自行评估与确认自己的状态，选择说与不说。如果在交流过程中，有学生感到身体或心理不适，可及时寻求带领者的帮助。我们尊重创作者及其作品，作品本身没有好坏对错，学着放下执着与评判心，带着好奇去倾听、带着真诚去分享。

c.结束交流时，向对方表示感谢：感谢今天的相识；感谢对方对自己的信任，愿意向自己诉说成长经历中的故事；感谢此时此刻作为倾听者为对方提供了一个可倾诉的环境与机会，并为对方保守听到的秘密。

⑥如果不分组，带领者可提供一些问题，供学生自行思考。

a.树的样貌、种类、名称、树龄、生长地的位置与环境是怎样的？

b.树的状态、树的生长情况怎么样（叶、秆、花、果、根等）？树有什么需要吗？

c.特别之处：枯树、断木、树根暴露、落叶、树洞、年轮、疤痕、拟人化、有性别吗？

d.画中的天气是什么样的（下雨、刮风、雪、阳光）？对树有影响吗？什么样的影响？

e.是否观察到笔触的深浅浓淡与重点刻画的地方（深刻的部位）？有何联想？

f.树周围的添加物：动物、花草、地平线、房子、人物等。

g.想起了什么事、什么人，一些回忆、故事，新冒出来的想法。

h. 对这幅作品的整体怎么看？

⑦将学生们的作品汇集到一起，排列成矩阵。一起远观欣赏，在大组中分享体会与心得（图3-9）。

图3-9　画一棵树——学生作品

⑧提问与回答。

拿回作品，活动结束。

3.5.2　一棵独一无二的树

（1）课前准备

禅绕画用纸（白色方纸砖或圆纸砖）、笔具（2B铅笔、03勾线笔、彩色铅笔或其他颜色水笔）、轻音乐。

（2）课程用时

90分钟。

（3）课程结构

①讨论孤独议题：什么是孤独？你曾经体会过孤独吗？独处时，你会做些什么？你的感受是怎样的？交流独处时的经验。

②介绍禅绕画——可以在独处时尝试的新方法。

③介绍工具。

④介绍禅绕画五元素。

简单练习线条，在一笔一画的过程中去感知自己对每一个元素的内在体验。

依次体会禅绕画五元素中的I直线、C弧线、S曲线、O圆（圈）、•点。体会自己在画线条（不同方向、不同力度、不同粗细、不同形态、不同组合）时的感受；体会自己正在绘画的状态；对自己起手和落笔每一个笔画进行有意识的体察。

将我们的注意力聚焦在此时此刻，记住这样的感觉，在之后的创作中，继续带着对自身的关照，投入到创作中。

⑤清理桌面，调整坐姿，微闭眼睛，做一段大约10分钟的呼吸调整与"看树"的想象（图3-10）。

通过意象，与内心中的树木进行对话。

对树的整体和每一个组成部分进行观察，提升对自身的感受力，发现自己的独特之处，唤起内在情感联结，促进自我认可与自我欣赏（树根、树干、树枝、树叶、花与果实、其他），激发"树"（我们内在）原初的力量。

【呼吸练习与想象引导词】

现在我们来做一段呼吸练习与想象，时间大约10分钟。

请你调整自己的坐姿，选一个舒服的姿势，轻轻地在地上放稳自己的脚；轻轻地将双手平放在双腿上；眼皮微落，眼睛看向前方或前下方，闭与不闭都可以；面部表情放松；耳朵的听觉向四面八方悬浮式地打开，可以自由地选择听见的声音。我们来做几个绵长的深呼吸。深深地吸入一口气，稍作停留，再缓缓地将气吐出。吸气的时候，用鼻子吸气；吐气的时候，用嘴巴吐气。吸气的时候，感觉吸入的气体充盈着整个身体，腹部微微往外鼓出；吐气的时候，把所有的气体慢慢地向外排出，腹部是瘪进去的。这个就是瑜伽训练中的腹式呼吸。我们连续做几个练习。吸气，将所有新鲜的空气与美好的感觉全都吸入……吐气，将所有的浊气和废气全部吐出……再来，吸气，将氧气与平静深深吸入，进入你的胸腔，到达你的腹腔……停留一会儿……再将腹中浑浊的气体，缓缓吐出，全部吐出。再来一个，吸气（4秒）……，停顿（7秒）……，吐气（8秒）……。再来一次，吸气……，停顿……，吐气……。注意体会呼吸的深、慢、细、长……好，我们逐渐将呼吸调整到平时正常的节奏上来。

继续保持舒适的姿势，以及均匀流畅的呼吸，我们跟随引导，进入一段想象。

图3-10　校园里的树
——想象引导

此刻，想象自己走在校园或校外的一条路上，这是一条你熟悉的路，或者喜欢的路。我们边走边看，看看此刻的天气、周围的景象，以及自己的心情。慢慢地往前走，往前走。此时，我们看到一片树林，这片树林有很多树。我们慢慢走向树林，再慢慢走入树林里面。这里真的很大，我们看到很多高矮不同的树，它们有着不同的形状，不同的颜色（停顿一些时间，让学生有充分的想象空间）。

这个时候，有一棵树很吸引你，你走到它的身边看了看。它也许是棵大树，也许是棵小树，你围着它转一圈。观察它的时候，可以摸一摸它，树干上树皮的肌理与纹路、树枝的长势、树叶上凸起的脉络，你慢慢地抚摸着这棵树的每一个地方，细细地品味（图 3-11）。

也许它是一棵小小的树，你很快就把它的全貌都看清楚了；也许它是一棵高大的树，一棵大到你需要仰头观瞻的参天大树，你可以用任何方式与魔力看到它的全貌，抚摸到它的树顶（给予学生充分的观察时间）。

我们再来看看这棵树边上有没有小草、小花？这棵树有什么变化吗？开着花的树，还是结了果的树？也有可能树上什么也没有，或只有树叶，你的那棵树是怎么样的呢？

除了树本身外，我们还看到飞来的小鸟、路过的蜜蜂、树上的鸟巢，或许还有树洞、松鼠、小虫，或者其他小动物。它们带来了自然界中不同的声音与乐趣，也为这棵树带来鲜活与生机（给予充分想象与感受的时间）。

当你觉得看得差不多的时候，我们就可以慢慢地退远一点，在十米以外，看向这棵树；再退远一点，大概一百步，逐渐退回到来时的路上，远远望向这片树林，这里有一棵你喜欢的树，一棵特别的树，你曾经与它靠得那么近。同时，你也看到这里还有很多其他的树，他们都是你的伙伴，他们也都有着各自的模样。现在，我们要暂时离开这片树林，向他们挥挥手，我们沿着原来的路，慢慢走回来，回到我们的教室里。

我们做三个深呼吸，当我倒数 3，2，1 的时候，我们就将眼睛慢慢睁开。活动一下自己的手，活动一下自己的脚。3，2，1，睁开眼睛。

眨一眨眼睛，转动眼球，适应一下周围的光线。

现在，我们看向桌前的这张纸，开始作画。

⑥创作《一棵独一无二的树》，步骤如下。

a.我们再一次触摸一下这张方形纸砖，感受纸张的肌理与形状，轻轻地将它平放在桌上（这是个创作引导动作）。

图 3-11　树的整体到局部

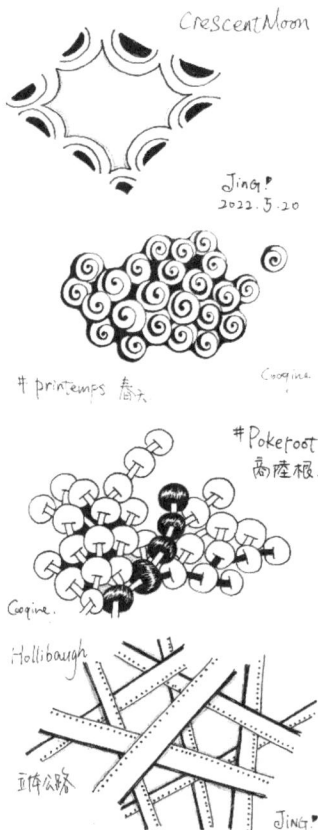

图3-12 禅绕画官方图样示例："新月""春天""商陆根""立体公路"

图3-13 两人一组，分享有关树的故事

b.用铅笔浅浅地画上边框（沿着画纸的边沿向内缩大约半厘米），给出作画区域。

c.画出"一棵树"的暗线，在"树"的内部随意分成4个或更多区域。我们将在这些区域中绘制"树"的各个部分。画多少、怎么画，都由同学们自己决定。

这个过程，我们只和自己待在一起，不需要与组员交流，在止语的环境中，只需要静静地去体验就好。创作没有标准答案，没有对与错，放下我们内在的评判，画成什么样，都可以。

d.换勾线笔，将禅绕画五元素（icso）或四个图样画入不同的区域中：

带着"树"的意象，以及和"树"在一起的感觉，开始在每一个区域中重复画上简单的禅绕画五元素（I直线、C弧线、S曲线、O圆圈以及·点），每个区域只画一种元素或一个图样，每个元素可以不断地重复、变形或组合。不预设画面，不刻意设计，不想象结果，心随笔动，把注意力集中在一笔一画的过程中，我们只是重复简单的线条或形状或图样就可以了。

四个图样可参照禅绕画官方基础图样（图3-12）：新月、立体公路、商陆根、春天或其他图样。

e.用喜爱的颜色，给画面增色。

f.可以用铅笔加上投影，使画面有立体感。

g.在作品正面签名，在作品背面为作品起名，写下绘画时的感受与心情，标注日期。

h.收尾，整理，欣赏作品，感恩自己在此时为自己创作了一张独一无二的作品。

以上步骤参照禅绕画八步骤进行改编与拓展。

⑦作品完成。

a.两人一组，相互介绍作品：介绍自己、作品主题、想象的故事、创作的过程中遇到的困难与美好，各种感受都可以表达与交流（图3-13）。

再次提醒学生，尊重绘画创作的自主性，尊重创作者，作品本身没有好坏对错，放下评判心，带着好奇心，去聆听、去探索、去欣赏。

b.将所有作品汇集到一起，整齐排列成矩阵。在禅绕画中，这个依次排列作品的呈现过程叫作"马赛克"（图3-14）。

c.回到大组，一起远观欣赏，分享心情与心得。

d.提问与回答。

拿回作品，活动结束。

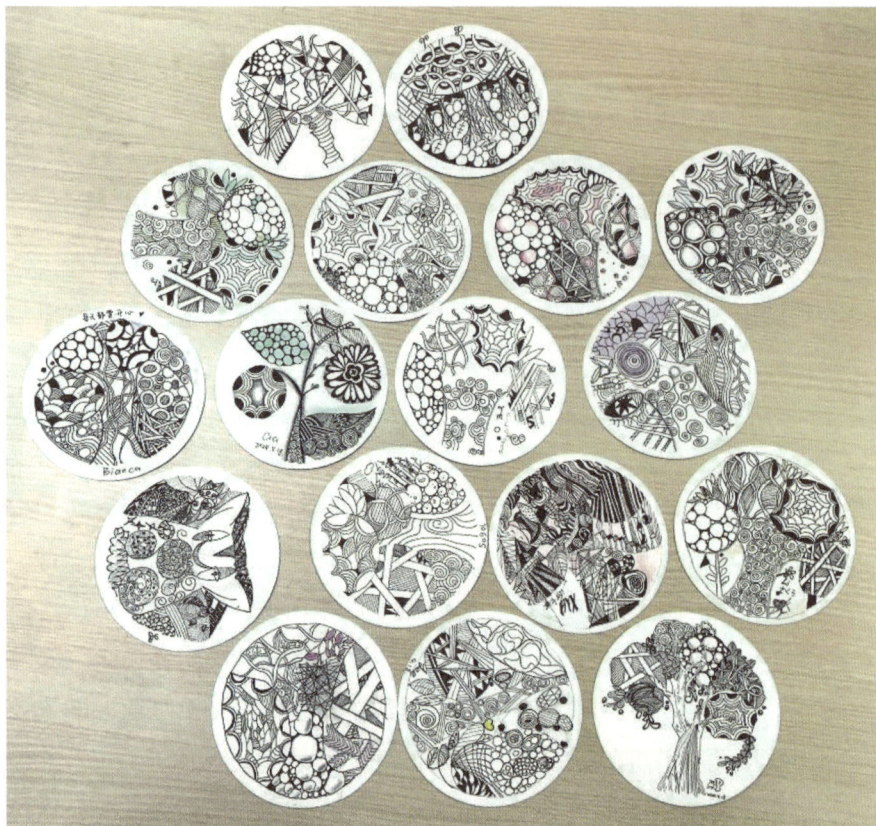

图3-14　树之成长系列——禅绕画作品

3.5.3　我的心灵花园

（1）课前准备

禅绕画用纸（白色圆砖）、笔具（2B铅笔、03勾线笔、其他颜色水笔、彩铅等）、若干叶片（不论品种形态，每人至少三叶）（图3-15）、轻音乐。

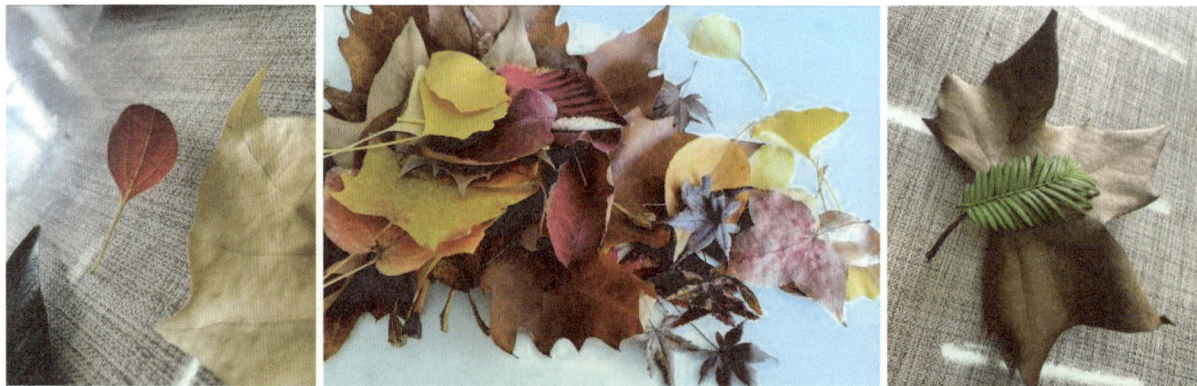

图3-15　同学们带到课堂里来的树叶

（2）课程用时

90分钟。

（3）课程结构

①鼓励学生自发谈论与交流目前的学业、工作、生活与人际状态，讨论如何应对发展中的困境，探索内在需要，如何进行心理调适与自我照料。

②介绍禅绕画的由来。

③介绍禅绕画工具。

④介绍禅绕画五元素，体验绘制不同线条时的内心感受（参照案例二中的体验过程）。

⑤介绍本次绘画拓展材料：树叶；学生课前准备工作：自己采集若干树叶，并带到课堂。

邀请学生讲述其中一片树叶与自己相遇的故事，介绍这片树叶的特别之处，引导同学们打开五感，仔细观察，触摸与感受每一片被介绍过的树叶，运用身体不同的感知觉，与微观自然相联结。用心去体会叶片的生命历程，在心灵深处感受植物的生命力，以及不同存在形态（鲜活、凋零、枯萎）所呈现的生命丰富性，促进同学们积极想象，与内在自我相呼应（图3-16）。

课堂人数多，邀请若干同学介绍与讲述；课堂人数少，可邀请每一位组员轮流讲述，并相互传递各自带来的树叶进行交换观察，不仅"看到自己的小世界"，也"看到其他不同的小世界"，每一个带来的"小世界"都别有洞天，都有各自不同而独特的风光。

⑥清理桌面，调整坐姿，在一呼一吸之间，整理我们的思绪，为构建内在心灵花园做准备（将独特的树叶置于禅绕画的创作中）。

调整呼吸可参照案例二中的"呼吸引导词"，将注意力拉回到创作的纸砖上。

顺着前面课程的铺垫，我们对"树"的一些方面已经开始探索，心中的"树"开始蠢蠢欲动，生机勃勃，花繁叶茂。在下面的创作过程中，我们会想象为自己的小花园耕耘与种植，每个人如何去装点自己的花园呢？我们可以给大家讲述一些有关园艺与心灵疗愈的小故事，以激发创作灵感，如前文提到荣格与弗洛伊德，他们与花卉、绿植，以及大自然的故事。

⑦创作《我的心灵花园》步骤如下。

a.我们再次触摸这张白色圆形纸砖。

b.用铅笔画边框，沿着纸砖轮廓向内缩半个厘米，确定绘画区域

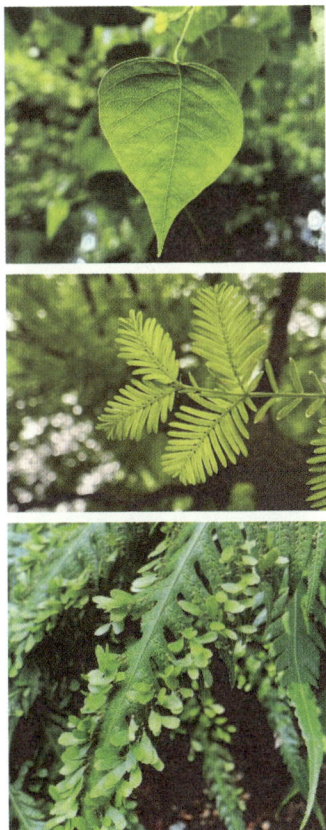
图3-16　在大自然里观察树叶

（确立边界，会给内心带来安定的感觉），在象征层面是为自己的花园界定一个范围。

c.带着前面仔细观察树叶的感觉，开始在"花园"方寸中开垦动土了：画上暗线，把"花园"分出4个作画区域，等待我们去规划种植；另外，为特别喜爱的植物或花卉留出一些地方（例如，画出两三个小圈，空着，在绘画的后期重点描绘）。

d.换黑色勾线笔，在4个作画区域依次画入4种不同的图样（图3-17）："跳舞皇后之摇滚"（像迷人的玫瑰）、"流动"（像Q萌的树叶）、"商陆根"（像秋日的果实）、"嘟嘟"（由中心点向外重复，也像美丽的花朵），或其他图样。

图3-17　禅绕画官方图样示例："跳舞皇后之摇滚""流动""商陆根""嘟嘟"

e.在特地留了圆圈的区域"悉心培育"，可以画上"宝石"或自己喜欢的图形（点睛之笔）为花园增色，其他地方可用图样"春天"（可爱的螺旋形状）来点缀（图3-18）。

图3-18　用"彩色宝石"点缀心灵花园

f.选用1～2种喜爱的颜色，给不同的花形或树叶增色。

g.可用铅笔打上阴影，增加视觉立体感。

h.小心地将自己采集来的一片或少量树叶，用点胶粘在"花园"里，呈现丰富的层次，为作品注入鲜活与灵动。

i.在作品正面签名；在作品背面为作品起名并写下花园创作灵感；或写下创作过程中的感受与心情；标记日期。

j.完善与欣赏作品，收尾；感恩自己建筑了一个美丽的心灵花园送给自己，在忙碌与辛苦之后，在需要平静的时候，回归到这片净土中来。

注：创作过程，我们只需要和自己待在一起，不用与其他组员交流，静静地体验着"耕耘"与"建造"的过程（图3-19）。

图3-19 课堂讲解与创作过程

⑧作品完成后互动分享（图3-20）。

图3-20 课堂互动与分享

a.两人一组,相互介绍作品:介绍自己、作品主题、花园的故事、创作过程中的心情以及遇到的困难与发生的美好,各种感受都可以表达与交流;作品没有标准答案与好坏对错,在交流的过程中,发现与欣赏对方作品中的特别之处;我们也在对方的赞美中认可自己、欣赏自己,增强对自我的确定感。

b.将所有作品汇集到一起,将禅绕画作品以"马赛克"形式排列或自由排放。

c.远观欣赏,继续在大组交流与分享。

d.提问与回答。

⑨拿回作品,好好呵护。人生中的一次"微观种植经历",值得珍藏。

活动结束。

以上三小节的内容既独立又连续。本小节将以孤独议题为引子,以"树"为"人"之隐喻,以"成长历程、探索发展、自我照顾"为线索,结合绘画表达的方式,在丰富的生命长河中去学习与整合。表3-1为系列课程参考。

表3-1 树之成长系列课程拓展参考

基本理论	表达性疗愈媒介	目标
人格发展八阶段理论、性心理发育阶段、树木画	铅笔画:画一棵树;或在框中画一棵树	认识与了解自我;我是谁;我是如何被塑造为今天的我
情绪相关理论、表达性艺术治疗等	绘画艺术表达:《树之色彩》	表达、认识、命名情绪;探索个别事件;情绪调适
孤独理论、正念、意象对话、禅绕画等	禅绕与想象绘画:《一棵独一无二的树》	加入群体与个体的概念,在集体中找到自己,自我肯定与欣赏
依恋理论、叙事疗法、禅绕画等	故事拼贴画:《树的旅行》	探索生命历程,了解自我需要,为自我实现准备必要的"行囊"
人际相关理论、团体心理咨询与心理辅导等	团体绘画艺术表达:《森林—树之家》	探索个体与群体的关系,增加人际视角,体会场域与自己的相关性
需要层次理论、积极想象、园艺与疗愈、禅绕画等	禅绕创意画:《我的心灵花园》	融于自然;发现生活中的美,激发五感对自然之美的体验,关照内心
自我、自体、自性化探索,禅绕画、曼陀罗等	禅绕画:《树之禅陀罗》	深入体会身体与内在的连结;向外探索、向内整合

当我们在说"孤独"时,它的语境是有层次的,比较常见的有两种:一种是我们把"孤独"理解为一种状态,一个人独处的状态;另一种是我们把"孤独"体验为一种感觉,一种对自己独处时主观体会

到的身心感受。

在英文中，"孤独"因词性与理解不同有多种表述，如loneliness、solitude、solitary、all alone、desolateness等；在中文里"孤独"是两个字的组合。中国文字博大精深，幼而无父叫"孤"，老而无子叫"独"。现在我们习惯将"孤"与"独"两字放在一起使用，除了词本身的含义外，还加入了对这种存在状态的心理感受，如害怕、悲伤、寂寞、清透、安宁、纯净等不同的情绪与情感。一些情感可能比较消极、偏负面；一些情感比较中性；另一些情感比较积极和正向。我们可以尝试走进孤独这个词本身，只是去看它原本的样子，去体悟它的本性，我们可能就会减少对孤独状态的评判，只是单纯地体会着不同情感的发生，以开放的心态去迎接它、容纳它，那么，对孤独害怕、恐惧与拒绝的情感，也会相应地发生变化（图3-21）。

图3-21　树之成长系列——学生禅绕画作品

在本章的教学中，我们学习直面孤独：

既可以在一个人的时候面对"我"自己——画一棵树；

也可以在人群中找到自己、认识自己、欣赏自己——树林中一棵独一无二的树；

更可以在自己需要的时候呵护自己，丰盈自己——建造一个心灵花园和创造未来。

生命的丰富包含着生命的孤独，在心灵成长的发展之路上，孤独是一道迷人的风景线。

延伸阅读

1.《艺术疗愈概论》

作者：周彬、崔巍、许嘉城、王建民

该书系统介绍了艺术疗愈的基本概念、发展历程及其理论基础，提供了丰富的实践案例和方法指导。读者可以通过学习如何运用音乐、舞动、绘画、心理剧等艺术形式进行心理疗愈，本书内容科学实用，指导性强，既适合心理学、艺术治疗等领域的专业人士学习，也适合对艺术疗愈感兴趣的普通读者，是一本兼具理论深度与实践指导意义的书籍。

2.《树木—人格投射测试》第四版

作者：吉沅洪

该书系统介绍了树木投射法的理论基础、最新研究进展、具体的测试和治疗方法，还提供了跨文化心理治疗案例，为读者打开广阔视角。树木投射法不仅用于人格测试，还被广泛应用于心理治疗中，同时也是一种简单而有效的自我探索工具。通过绘画树木来表达自己的心理状态、情感情绪，以及潜意识里的冲突与愿望。这本书不仅为心理学专业人士提供了实用的工具和方法，也为普通读者提供了深入了解自我和他人心理状态的途径。

第四课
生命中的挫折与压力

问题的提出

1.如何识别并面对生命中的挫折与压力？

2.面对挫折与压力时，有哪些有效的应对策略？

3.挫折与压力如何转化为个人成长的动力？

4.挫折对个人成长有哪些深远的影响？

为了对上面的问题有所思考与启发，我们本章节将一起讨论生命中的挫折与压力。

知识点

基本理论	表达性艺术疗愈媒介	目标
压力的分类与心理防御	鼓圈疗愈	鼓圈疗愈是一种有效的音乐治疗方法，可以帮助人们缓解压力、调节情绪、提升心理素质和团队协作能力且为参与者提供了一个放松身心、表达情感的平台
心理复原力	绘本创作《一颗种子的穿越之旅》	1.体验并理解将"绘本创作"作为艺术媒介在艺术疗愈中的应用 2.关于"挫折""心理复原力"生命故事的回顾，在绘本创作中完成"未完成"情结，觉察之前"成功"模式，为当下的困难找到突破与行动的勇气 3.成长的赋能

4.1

外源性压力与内源性压力

生活，总是富有挑战的。随着年龄的增长，我们的阅历也越来越丰富，能看到很多事情都是一体两面的，生活中常常会有一些好消息，令我们感到快乐愉悦，充满激情与爱；生活中常常也会有一些不尽如人意的消息，让人感到失望、恐惧和焦虑。我们称这些大大小小的，触发我们感觉与情绪的为刺激，有些刺激强烈，有些刺激微弱。过度的刺激，有时候就会对我们的身体和心理形成压力。

4.1.1　外源性压力

外源性压力是指由外部环境因素导致的压力，这些压力源通常来自社会、环境或他人等方面。其定义为那些由外部世界施加于个体上的压力，这些压力源可能包括人际关系、工作负担、生活压力、婚姻关系、子女教育、经济问题、自然灾害（如地震、洪水、火山喷发等）、人为灾难（如有毒化学物质的外泄、核辐射等）、背景性压力源（如噪声、空气污染等）。这些因素都可能对个体的心理、生理稳态造成破坏，从而产生压力感。

在压力状况下，个体生理方面会发生一系列的植物神经功能反应，如心跳加快、血压升高、血液循环加快等，使个体处于高度警备状态，以应对可能的威胁性情境。长期处于压力状态可能导致身体不适，如头痛、胃痛、肌肉紧张、失眠等。

在心理方面，外源性压力可能导致个体出现注意力不集中、记忆力减退、倦怠疲劳、消极自我评价等心理反应。个体可能感到孤立和被隔绝，出现焦虑、抑郁、恐惧等负面情绪。因而，个体可能出现一些非正常行为，如攻击、破坏等过激行为，或吸毒、过量饮食、过度吸烟或酗酒等物质滥用行为。在工作和学习中，个体可能表现为效率降低、请假、缺席、离职和事故等。

4.1.2　内源性压力

内源性压力是指由个体内部因素导致的压力，这些压力源通常与个体的想法、情感、动机和生理状态有关，是指那些由个体内部产生的、对个体造成压力感受的心理和生理因素。这些因素可能包括个体的想法、高级动机、情感反应、生理状态等。与外源性压力相比，内源性压力更多地与个体的内心世界和内在体验有关。

内源性压力可能导致个体出现焦虑、抑郁、恐惧等负面情绪，影响个体的心理健康和幸福感。个体可能感到自我怀疑、缺乏自信，甚至产生自卑感。

在生理方面，内源性压力还可能对个体的生理健康产生负面影响，如导致血压升高、心跳加快、呼吸急促等生理反应。长期处于内源性压力状态下，个体可能出现免疫系统功能下降、消化系统问题、睡眠障碍等生理问题。从而造成个体行为发生变化，如逃避现实、自我封闭、过度消费，也可能变得易怒、暴躁，对他人和事物缺乏耐心和包容性。

4.2

焦虑类型

根据威胁的来源，焦虑主要可以分为以下三种类型（图4-1）。

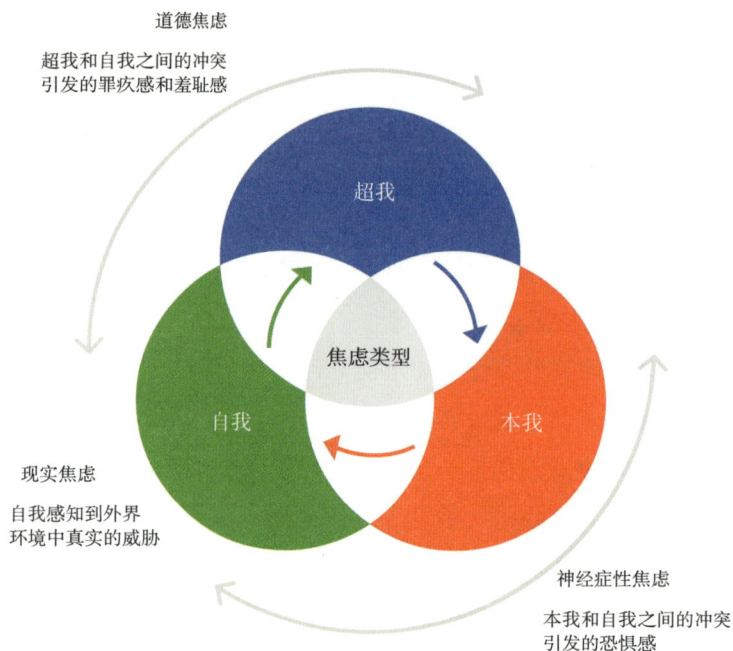

图 4-1 　根据威胁的来源可以将焦虑分为三种类型

4.2.1 　现实焦虑

现实焦虑是指个体对现实的、客观的威胁、灾难和危险的焦虑。产生的原因是来源于外界真实客观的危险或威胁性事件。其焦虑有明确的对象，并起到自我保存的作用。一般的反应是恐慌、回避、恐惧、愤怒和攻击。

4.2.2 　神经症性焦虑

神经症性焦虑是指由本我和自我间的冲突引起的焦虑，一种无对象、浮动性的恐惧感。其焦虑的威胁并非来自外界的真实危险，而是来自个体内心深处的本能冲动或潜意识中的冲突。焦虑往往与客观情况不符，是被压抑在无意识中的焦虑。其可能表现为漂浮着的一般性焦虑，即对随时可能发生的不幸事件的担忧；也可能表现为对特定事物的恐惧，如恐猫、恐人、恐高症等，这种恐惧与现实不匹配；还可能作为共病出现，与其他心理障碍如癔症、抑郁症、强迫症等相伴出现。

4.2.3 　道德焦虑

道德焦虑是指个体因担心自己的行为违背了社会规则和道德而产

生的焦虑。焦虑来源于个体对自我行为的道德评价。当个体的行为不符合超我（即个体的道德标准、良心等）的要求时，超我就会惩罚自我，从而产生道德焦虑。道德焦虑往往伴有耻辱感和自罪感。

4.3

心理防御机制

当我们适应或调节压力时，我们会把过量的压力控制在一定水平，以维持机体的正常运转。我们会用各种各样的方式来应对这些压力，比如封闭情感、过滤刺激、遗忘或者是转移注意力。有时我们会有意识地做这些事，但大多数情况下，我们都是在无意识中做出应对压力的反应。我们把这种在无意识状态下适应压力的方式叫做"防御机制"。

心理防御机制（defense mechanisms）是一种自我缓解焦虑的防御功能。人格各个成分之间有矛盾和冲突时，个体就会感到痛苦和焦虑，此刻，自我起到调控的作用，既绕开了超我的稽察，又在某种程度上满足了本我的欲望。从而缓解焦虑，消除痛苦。防御机制有两项共同的特性：第一，不是否定事实就是扭曲现实；第二，是在潜意识的层次上运作。人类在正常和病态情况下都在不自觉地运用心理防御机制，运用得当，可减轻痛苦，帮助渡过心理难关，防止精神崩溃；运用过度就会表现出焦虑、抑郁等病态心理症状。

心理防御机制包括压抑、否定、反向形成、投射、转移、合理化、退化、自居或认同、补偿、幽默、升华等各种形式。

①压抑（repression）是最重要的心理防御机制之一，而且是许多其他自我防卫的基础与精神异常的根源。其作用是将一些具有威胁或令人痛苦的想法或感觉排除在意识之外。当一个人的某种观念、情感或冲动不能被超我接受时，就被潜抑到无意识中去，以使个体不再因之产生焦虑、痛苦。这是一种不自觉的主动遗忘和抑制。

②否定（denial）通过拒绝看见或拒绝面对不愉快的现实来减轻焦虑，保护自己的情感不受伤害。比如拒绝讨论使自己不愉快的话题、忽视批评、存在的问题等。

③方向作用，即反向形成（reaction formation）是为了防范具有威胁性的行动，不让真实欲望被表达出来，以对立的态度和行为方式表现，如表现出浓烈的爱来掩饰心中的恨。

④投射（projection）是将自己无意识的想法和冲动归为他人，以

免除自责的痛苦。

⑤转移（displacement）是指精神上的痛苦和焦虑转化为躯体症状表现出来，从而避开了心理焦虑和痛苦。如歇斯底里的病人其内心焦虑或心理冲突往往以躯体化的症状表现出来。转化的动机完全是潜意识的，是病者意识不能承认的。同时它也是一种解除情绪压力的方式，即将情绪上的冲动转移发作在"较安全的对象"上。例如，某人在上班时被上司训了一顿，回到家后把气出在小孩子身上。

⑥合理化（rationalization）是给自己的行为赋予合理、正当的理由，这可以使自己的特定行为显得合理，并有助于减缓所受的打击。合理化有两种形式："酸葡萄"机制和"甜柠檬"机制。"酸葡萄"机制来源于伊索寓言，当得不到自己想要的东西的时候，用酸葡萄机制缓解自己的失落。"甜柠檬"机制是指，不仅自己得不到的东西是无价值的，而且显示自己所有的东西是特别好的。

⑦退化（regression）是指行为退回较不成熟的阶段中去。在面临巨大压力或挑战时，有人会以不成熟、不恰当的行为来回应，以减轻内心的焦虑。

⑧自居或认同（identification），认同是发展的重要因素，如儿童通过同父母而成长，认同也是一种防御反应。根据汉语习惯，将防卫反应译为自居更加合适，自居表现为通过攀附别人提高自己的价值感，借他人的光彩来荣耀自己。

⑨补偿（compensation）是指借助培养出正面的特质来弥补自身的缺陷和弱点。如自认智力不佳的人，会以锻炼身体来培养优点。此种防御机制有直接的调适功能。

⑩幽默（hummer）是指以幽默的语言或行为来应对紧张的情境或表达潜意识的欲望。弗洛伊德研究认为，在人类的幽默中关于性爱、死亡、淘汰、攻击等话题是最受人欢迎的，它们包含着大量的受压抑的思想。

⑪升华（sublimation）是将受挫的欲望或冲动改头换面，以一种积极的、可被社会接受的方式呈现出来。弗洛伊德认为，许多伟大艺术家的艺术创作，是将性或攻击方面的精神能量转为创造性的行为。

4.4

成功与失败归因

解释一个人成功和失败的方式能影响其动机、心情，甚至是完成任务的能力。人对成就感的需要，不是影响一个人成功的唯一变量。研究人员马丁·塞利格曼（Martin Seligman）在几年的时间里专门研究人们解释事件的方式，他们乐观或悲观的程度，会影响人们的主动性和被动性，不管他们是坚持还是放弃，冒险还是稳妥地做事（Seligman，1991）。塞利格曼的研究小组研究了这个问题，即解释为何一个人有抵抗失败的能力，而另一个人没有抵抗失败的能力。这个神秘的答案其实看起来很简单，即乐观与悲观。这两种观察世界的方式极大地影响了动机、心境和行为。

悲观归因方式的焦点是认为失败的原因是内部产生的。而且，认为造成这种失败的不良环境和个人因素是稳定和整体性的——"它从不变化而且会影响所有的事件"。乐观归因方式把失败看作外部因素的结果，或归因为不稳定的、可变化的或特定的事件的结果，"如果我下次更加努力的话，我就会做得更好，并且这个挫折不会对我完成任何其他重要的任务产生影响。"

当涉及成功的问题时，这些解释就会反过来。乐观主义者对成功抱以个人内部完全稳定的整体性的信心。然而，悲观主义者把他们的成功归因于外部不稳定的整体性或特定的因素。由于他们相信他们命中注定要失败，所以悲观者会比别人想象中做得还要差。归因的方式影响着动机，这个领域的心理学研究对疗愈师来说有很大的价值。

我们努力发展一种对自己成功和失败乐观的解释方式。通过检查环境中可能的随机性因素，可以避免对失败采取消极的、不变的和宿命论的归因方式。最后，别让自己的动机被暂时的挫折所伤害，我们可以用这个研究得出的结论使自己的生活变得更好。

4.5

心理复原力

心理复原力（resilience），又称为复原力或心理弹性，在心理学中，它指的是个体面对逆境、创伤、悲剧、威胁或其他重大压力时，所展现出的良好的适应过程。这种复原力是个体从困难经历中恢复甚至提升自身能力的一种体现。心理复原力是人类一种天生的潜能，是面对危机或困难处境的适应、内在的改变、自我校正及复原的一股动力。

笔者近年来接触的大学生个案，很多来访者会有如此的表述："自己正在经历人生的至暗时刻。"生命中的至暗时刻，往往是指个体在生活中遭遇重大挫折、打击或困境，导致内心陷入深深的绝望和无助，仿佛身处无边无际的黑暗之中。对于大学生群体而言，这样的时刻可能来自学业压力、人际关系、情感困扰、经济问题或是对未来的迷茫等多种因素。

下述辅导个案，便是陪伴来访者穿越生命挫折和逆境的案例。来访者自称其来自小城，工薪家庭，通过"小镇做题家"式努力，才得以跻身名校，来到大城市求学。他自入学以来便背负着家庭甚至家族的期望，也希望自己能够出类拔萃，为家人争光。然而，随着课程难度的加大和竞争的加剧，他渐渐感到力不从心。他努力学习，但成绩始终平平，离保研的绩点要求相距甚远。当年他在小城的光环消失殆尽，取而代之的是在人才济济的名校中"泯然众人"的感觉。这种落差与无果的努力，让他心里极为不适。每当考试临近，他的焦虑和压力便愈发严重，导致晚上失眠，白天无法集中精力听课。这种恶性循环让他陷入了深深的绝望之中，他觉得自己无论如何也无法达到自己和家人的期望，保研无望，考研也信心不足，前途一片渺茫。这种现状和之前"佼佼者身份"对比而产生巨大落差的个案在大学生案例中屡见不鲜，成为高校心理个案的高发议题。

这些被来访者描述的"至暗时刻"，他们往往感到自己仿佛被无尽的黑暗吞噬，失去了前进的方向和动力。他们开始怀疑自己的能力，甚至产生了放弃的念头，亦有一些个案由此发展成中重度抑郁。

然而，正是这样的困境，更需要他们反思和审视自己的生活。越是要在逆境与挫折中锻炼自己的心理复原力。

心理复原力主要由三个核心要素组成：归属感、乐观感和效能感（图4-2）。归属感指的是人处在被照顾及被支持的关系里，对这段关系存在期望并积极参与其中；乐观感则表现为相信未来是光明的和充满希望的；效能感则包括人际技巧、解决问题的能力、情绪管理及目标制定等。

心理复原力对于个体的心理健康和成长具有重要意义。它有助于个体在面对压力和挑战时保持坚韧和积极的心态，有效应对并克服困境。通过培养和提升心理复原力，个体可以更好地适应生活中的变化和挑战，实现自我成长和发展。心理复原力不仅是心理学研究的一个重要领域，也是现代社会中人们追求健康、幸福和成功所必备的一种心理素质。

心理复原力优势视角理论（也称3I理论）认为心理复原力具有外

图4-2　心理复原力核心要素

部支持因素（I have）、内在优势因素（I am）和效能因素（I can）三个部分。其中"I have"指遇到压力、挫折、困难或逆境时我们外部所有的资源和支持能较好地帮助我们积极应对，比如家人支持、朋友支持、老师引导和积极成功的经验等；"I am"指自己是一个什么样的人，自己的内部优势是什么；"I can"包括人际技巧、解决问题的能力、情绪调控、目标制定等，当遇到逆境的时候，个体思考自己曾经如何成功应对逆境（即 I can）对于积极应对当前逆境非常重要。

在经历了一段时间的挣扎和反思后，通过心理复原力的模型分析，来访者开始尝试与身边的同学、老师或心理咨询师交流，寻求帮助和支持。他们给予了来访者鼓励和建议，让他逐渐走出了心理阴影。来访者也开始参加一些课外活动，丰富自己的生活，缓解学业带来的压力，他亦走出了"唯学习论英雄"的单一维度评价标准体系，在社团和一些其他社会实践活动中发现自己的闪光点。随着时间的推移，他渐渐找回了自信和动力，成绩也有了明显的提升。

生命中的至暗时刻虽然痛苦，但也是我们成长和蜕变的契机。当我们勇敢地面对困境，积极寻求解决办法时，我们会发现，那些曾经看似无法逾越的障碍，其实只是我们前进道路上的垫脚石。只要我们保持坚定的信念和勇气，就一定能够走出黑暗，迎接光明的未来。

当我们陷入人生的至暗时刻，我们往往看到的都是别人的成功与辉煌，却没有细细品味他们成功与辉煌背后的至暗时刻。殊不知，当我们去深挖其过往，大多数的辉煌与成功都经历过至暗时刻的历练！

如果你正在经历人生的至暗时刻，不妨做做下面的艺术疗愈练习，帮我们更好地看见自己，尤其在人生的至暗时刻，虽然有外界的帮助与抚慰，但路还是要靠自己一步一步走，自己永远是自己最大的靠山。

4.6

艺术疗愈实践

4.6.1　鼓圈疗愈

4.6.1.1　鼓圈疗愈的隐喻功效

非洲鼓被誉为鼓皮上的文明史诗，隐喻体系如同活态密码本：鼓腔是存储文明的硬盘，鼓槌是解码文化的指针，而共振的声波则是穿越时空的载波信号。从空的单音敲击到都市街头的融合爵士，每一次击打都在重写传统与现代的隐喻契约。理解这些隐喻，便是触摸了疗愈的脉搏。

非洲鼓，特别是西非的金贝鼓（Djembe，又译坚贝鼓或珍贝鼓），不仅是一种乐器，还蕴含着丰富的隐喻意义。

（1）自然与文化的象征

非洲鼓通常由木头和羊皮制成，这两种材料代表了自然与文化的结合。木头象征着生命之树，而羊皮则代表着动物与人类生活的紧密联系。这种结合不仅体现了非洲鼓的制作工艺，也隐喻了人与自然和谐共生的理念。

（2）鼓舞与动感的表达

"鼓舞"一词不仅描述了非洲鼓的演奏形式（即边打鼓边跳舞），还隐含了鼓舞人心、激发活力的意义。非洲鼓的演奏往往伴随着欢快的舞蹈，这种表演形式能够迅速点燃现场氛围，让人们感受到热情与快乐。

（3）团结与分享的寓意

非洲鼓能够将不同民族、不同信仰、不同肤色、不同年龄阶段的人聚集在一起。在共同的鼓声中，人们分享彼此的快乐与喜悦，这种团结与分享的精神是非洲鼓的重要隐喻之一。它象征着人类之间的和谐共处与相互理解。

（4）心灵释放与自我超越

敲击非洲鼓的过程也是一种心灵释放和自我超越的体验。随着鼓声的响起，人们可以忘却烦恼与压力，全身心地投入音乐的世界。这种释放与超越不仅有助于个人的心理健康，还能激发人们的创造力和自信心。如生命轮回的节奏具象，在身体隐喻中，鼓腔象征子宫（中空结构），鼓皮类比皮肤（张力变化）。

（5）万物皆有律动的理念

非洲鼓的演奏体现了"万物皆有律动"的哲学思想。在非洲鼓的鼓声中，人们可以感受到自然界的节奏与韵律，这种感受不仅让人心旷神怡，还能引发对生命与宇宙的深刻思考。非洲鼓拟声叙事即通过节奏模拟自然声响（如雷雨、鸟鸣）和人类活动（如狩猎、耕作），形成独特的"自然语言"。例如，用鼓点模仿溪流声指引迷途者，节奏变化对应地形起伏。将"死亡"描述为"大树轰然倒下，惊飞了所有栖息的鸟儿"，用自然意象构建隐喻网络。

鼓圈疗愈是一种有效的音乐治疗方法，可以帮助人们缓解压力、调节情绪、提升心理素质和团队协作能力（图4-3）。在这个案例中，鼓圈疗愈为参与者提供了一个放松身心、表达情感的平台。通过参与活动，参与者不仅释放了压力、提升心理素质，还学会如何与他人更好地沟通和合作。这种音乐疗愈方法值得在学校和各类疗愈机构中推广和应用。

图4-3 鼓圈疗愈

4.6.1.2 艺术疗愈实践——鼓圈心灵疗愈计划

（1）背景介绍

非洲鼓以独特的音色和节奏吸引了众多音乐爱好者。本案例以非洲鼓作为艺术疗愈媒介，利用其明快、奔放的律动特点，与生命中的挫折与压力部分进行有机链接，培养参与者的音乐感知和团队协作能力的同时，更多的是鼓励他们表达情感和释放压力，将非洲鼓的器形的隐喻功能、声效特征作为疗愈的有效路径，使教学更加生动有趣。

（2）教学目标

①讲解心理学理论——生命中的挫折与压力。

②简单介绍非洲鼓的历史、种类和演奏技巧。

③分小组练习培养参与者的音乐感知能力和节奏感。

④提升整合参与者的团队协作能力和自信心。

（3）实施案例

1）准备阶段

①乐器：以非洲鼓为主，同时配合其他打击乐器，如手拍鼓、沙锤、铃铛等。这些乐器可以提供丰富的音色和节奏变化，有助于参与者表达情感和释放压力。

②音响设备：音响设备用于放大乐器声音，确保所有参与者都能清晰地听到演奏声。音响设备应具有良好的音质和音量调节功能，以适应不同场地和人数的需求。

③座椅或坐垫：鼓圈疗愈通常要求参与者围坐成圈，因此需要足

够的座椅或坐垫供参与者使用。座椅或坐垫应舒适且易于移动，以便参与者能够自由地调整位置和参与演奏。

④场地布置：选择一个宽敞、平整且安全的场地进行鼓圈疗愈活动。场地应具备良好的通风和采光条件，减少对参与者的干扰。同时，还需要根据参与者的数量和乐器种类进行场地布置，确保每个人都有足够的空间和舒适度。

⑤辅助设备：根据需要，还可以准备一些辅助设备，如麦克风、投影仪、白板等。这些设备可以用于引导、讲解、记录等目的，增强鼓圈疗愈的互动性和趣味性。

2）活动内容与方法

①导入环节。

播放非洲鼓演奏视频（提供视频链接），让参与者感受非洲鼓的魅力。通过问答形式与参与者互动，提问对非洲鼓的初步印象和了解，激发参与者讨论，在怎样的情境下可以使用非洲鼓表达情绪，表达怎样的情绪。

②基本技巧演示。

a.持鼓姿势：教授参与者正确的持鼓姿势，并邀请参与者上台展示，互相点评。

b.节奏模仿：疗愈师敲击出简单节奏，参与者模仿并接力传递，形成节奏接龙。单音练习：分别练习低音、中音和高音，确保每个音色清晰；简单节奏型：4/4拍基础节奏：Bass—Tone—Tone—Bass，练习并逐步加速，可使用节拍器辅助。

c.音色探索：设置"音色接力"游戏，每位参与者尝试不同击鼓方式产生音色变化，并传递给下一位参与者。

③合奏练习。

a.分组练习：参与者分组进行合奏练习，每组分配不同的节奏型，培养默契和协作能力。

b.循环演奏：每组参与者轮流演奏自己的节奏型，形成循环，体验多声部合奏的魅力。

④拓展活动。

a.节奏创作：提供基本节奏框架，让参与者自由创作和填充，形成独特的音乐作品。

b.音乐接力：疗愈师给出一个节奏或旋律的开头，参与者依次接力创作，形成一个完整的音乐作品。这种互动方式可以激发参与者的创造力和想象力，提升参与者之间的合作能力。也可以由参与者结合自身当下的情绪，给出一段节奏和旋律，然后由小组成员接龙式传递，期间需要艺术疗愈师有意疏导与介入，最后呈现出作品，并就作品进行分享感受。**重点放在我听见……我看见……我感受到……我体验到……**

c.非洲舞蹈：结合非洲鼓的演示，引入非洲舞蹈元素。疗愈师可以演示一些简单的非洲舞蹈动作，并与参与者一起跳舞，感受非洲文化的魅力。

d.创作与分享：鼓励参与者创作自己的非洲鼓音乐作品，并在课堂上进行分享。可以设置创作小组间比赛或小小音乐会的形式，让参与者展示自己的创作成果，并邀请同伴和疗愈师分享其感受。

（4）总结与建议

本案例通过引入互动环节，使非洲鼓体验更加生动有趣。参与者在互动中不仅掌握了非洲鼓的基本演奏技巧，还深入了解了非洲鼓在艺术疗愈中的作用，激发调动参与者的情绪释放，缓解压力，培养团队协作能力和自信心。针对疗愈效果评估的结果，疗愈师可以进一步完善教学内容和方法，提高疗愈效果。

①多样化的互动活动：引入各种互动游戏和挑战，如节奏接龙、音色接力等，让参与者在游戏中学习。分小组活动，鼓励参与者互相合作和竞争。

②让参与者参与疗愈过程：邀请参与者分享他们对非洲鼓的见解和经验，增强他们的自信心和归属感。鼓励提出问题和建议，并互相讨论，让他们成为活动的参与者，培养他们的批判性思维和沟通能力。

③利用视觉和听觉元素：播放非洲鼓演奏视频和音频，让参与者感受非洲鼓的音色和节奏。使用图片、图表等视觉元素辅助疗愈，帮助参与者更好地理解学习内容。

④提供适当的挑战：设定一些挑战性的任务或活动，激发参与者的挑战精神和求知欲。鼓励参与者超越自我，尝试新的演奏技巧和音乐风格。

⑤鼓励创新和探索：鼓励参与者尝试新的演奏方式和音乐创作，培养他们的创造力和想象力。

⑥建立紧密的信任关系：参与者之间通过交流学习心得和困惑，建立良好的沟通和信任关系，让他们感受到彼此之间的关心和支持。

（5）活动效果

①缓解压力：鼓圈疗愈活动帮助参与者释放了内心的压力，让他们感到更加轻松和自在。许多参与者在活动结束后表示自己的焦虑情

绪得到了缓解。

②提升心理素质：通过参与鼓圈疗愈活动，参与者们学会了如何调节情绪、控制压力，并提升了自己的心理素质。他们变得更加自信和乐观，能够更好地应对学习和生活中的挑战。

③增强团队协作能力：鼓圈疗愈活动需要参与者们共同协作、互相配合。在演奏过程中，参与者们学会了如何与他人沟通、协调和合作。这些技能对他们未来的学习和工作都将产生积极的影响。

（6）五感六觉的运用

1）视觉元素

①视频教学：播放非洲鼓演奏的现场视频，让参与者观察演奏者的动作、姿势和面部表情，从而感受音乐的激情和动力。使用慢放和重播功能，让参与者仔细观察演奏技巧的细节，如手指的位置、击鼓的力度等。

②图片展示：展示不同种类的非洲鼓的图片，让参与者了解它们的外观和特点。通过图片对比，让参与者了解非洲鼓在不同文化中的差异和相似之处。

③图表和符号：使用图表和符号来展示非洲鼓的节奏和旋律，有助于参与者更好地理解和记忆。创建自己的视觉符号系统，使节奏和旋律变得更加直观和易于理解。

④装饰和布置：教室的装饰和布置可以融入非洲元素，如挂毯、面具、艺术品等，营造非洲文化氛围。鼓励参与者使用非洲风格的装饰品来装饰他们的鼓，增强他们对鼓的归属感。

2）听觉元素

①非洲鼓音频：播放不同类型的非洲鼓音频，让参与者感受不同鼓的音色和节奏。使用不同的演奏风格和技巧，让参与者听到非洲鼓的多样性和表现力。

②节奏练习：通过音频播放简单的节奏，让参与者模仿和跟随，培养他们的节奏感。逐渐增加节奏的复杂性和变化性，挑战参与者的听觉和反应能力。

③合奏和伴奏：组织参与者进行合奏练习，让他们听到不同鼓声交织在一起的美妙效果。提供伴奏音频，让参与者在伴奏下演奏，培养他们的协作能力和音乐感知能力（值得注意的是：我们选择的伴奏音频，需要满足参与者当下的情绪和需求，力求和参与者在内心产生共鸣）。

④创作和即兴演奏：鼓励参与者创作自己的非洲鼓音乐作品，并

录制下来进行分享和讨论。提供即兴演奏的机会，让参与者根据音频的引导自由发挥，培养他们的创造力和想象力。

3）综合利用

①视听结合：将视觉和听觉元素结合起来，如播放视频时同时展示相关的图片和图表，帮助参与者更全面地理解非洲鼓文化。鼓励参与者边听音频边模仿演奏动作，增强他们的学习体验和参与度。

②互动媒体：利用互动媒体工具（如平板电脑、触摸屏等），让参与者参与到非洲鼓的学习和互动中。设计互动游戏和练习，让参与者在游戏中学习和掌握非洲鼓的演奏技巧。通过综合利用视觉和听觉元素，可以为参与者创造一个丰富多彩、生动有趣的非洲鼓学习环境，激发他们的学习兴趣和动力，提高他们的学习效果和参与度。

4.6.2　"一颗种子的穿越之旅"绘本创作艺术疗愈

4.6.2.1　绘本作为艺术疗愈媒介的理论支持

绘本创作是艺术疗愈的媒介之一。

绘本，简单来说，就是图画书。它是用图画与文字共同叙述一个完整的故事，通过绘画和文字两种媒介，在不同程度上交织、互动来讲故事的一种艺术表现方式。绘本在欧美等发达国家已经相当普及，被视为儿童早期教育的最佳读物，与儿童的认知发展有着密切的关系，现今成人绘本因其"治愈感"和"松弛有趣"的叙事风格成为全世界的新宠儿。绘本不等于图画书，绘本是一种独立的图书形式，特别强调文与图的内在关系。文字与图画共同担当讲故事的重要责任，图画不再仅仅是辅助和诠释文字的作用。一些著名的绘本甚至只有图，完全没有文字。

以"绘本创作"为艺术疗愈的媒介，功用主要体现在以下几个方面。

①绘本创作提供了一个情感宣泄和表达的平台。人们在面对心理压力、情绪困扰时，往往难以用言语直接表达内心的感受。而绘本创作则可以通过绘画和文字的结合，将内心的情感、想法和经历以直观、形象的方式呈现出来。这种图文共同讲故事的模式，可以给人以广阔的创作空间。对于对"讲自己故事"有防御和障碍的来访者来说，可以借由讲"别人"的或者"隐喻"故事的方式，来探讨自己的议题。这种表达方式有助于人们更深入地了解自己的内心世

界，从而找到情绪释放和舒缓的途径，进而，绘本创作能够促进自我认知和自我接纳。

在创作过程中，人们需要反思自己的情感、价值观和生活经历，从而更加清晰地认识自己。同时，通过将自己的故事和情感融入到绘本中，人们可以更加积极地面对自己的过去和现在，实现自我接纳和成长。

②绘本创作还具有疗愈创伤的作用。对于经历过心理创伤或困难的人来说，绘本创作可以成为一种心理治疗的媒介。尤其可以通过绘本，完成来访者的"未完成情结"。

未完成情结在心理学中，主要指的是尚未获得圆满解决或彻底弥合的既往情境，尤其是那些涉及创伤或艰难情境的事件。这些未完成情结不仅包含具体的经历，还涵盖由此引发且未表达出来的情感，例如悔恨、愤怒、怨恨、痛苦、焦虑、悲伤、罪恶、遗弃感等。这些情感往往由于某些原因，如童年期的经历、生活中的挫折甚至创伤等，未能得到充分的表达和处理，从而在个体内心留下深刻的痕迹。心理咨询的目标之一就是帮助个体解决这些未完成情结，通过重新面对和处理这些既往情境和问题，使个体能够获得情感上的满足和人格上的重构。当个体能够成功地解决这些未完成情结时，他们的心理状态往往能够得到显著的改善，生活质量和幸福感也会得到提升。

绘本创作在帮助人们完成未完成情结方面，提供了一个表达和释放的平台，是一个去"完成"的契机。未完成情结往往伴随着强烈的情感累积，如愤怒、悲伤、悔恨等。通过绘画和文字的结合，个体可以将这些情感以直观、形象的方式表达出来。在创作过程中，个体可以自由地选择色彩、线条和构图，将内心的感受以最具代表性的形式呈现出来。这种表达方式不仅有助于情感的释放，还能促进个体对自己情感状态的深入认识。情感和情绪得到宣泄和表达之后，绘本创作将促进未完成情结的整合和重构。在创作过程中，个体需要回顾和反思自己的经历，重新梳理和整合与未完成情结相关的记忆和感受。通过这一过程，个体可以更加清晰地认识到这些情结对自己的影响，以及它们在自己生活中的位置和意义。同时，个体还可以在创作中对这些情结进行重构，赋予它们新的意义和价值，从而实现心理上的解脱和成长。

创作的过程是富有启发性和创造性的。在创作过程中，个体可能会发现新的视角和思考方式，从而以更加积极、乐观的态度面对自己

图4-4 绘本示意图

示例：

的过去和现在。一个完整的绘本创作，来访者通过表达、整合、重构、启发和记录等方式，可以更加深入地了解自己的内心世界，实现心灵的成长和康复。

③绘本创作具有记录和分享的价值。生命故事以绘本的形式记录下来，个体可以保留这份宝贵的经历和成长痕迹。同时，这些绘本还可以作为与他人分享的媒介，让更多的人了解个体的内心世界和成长历程。同时，通过将自己的故事和情感以绘本的形式，直接或间接地表达出来，在分享的同时激发他人的共鸣和理解，建立更加深入的人际关系。

④绘本创作还可以增强人们的创造力和想象力。在创作过程中，人们需要不断地构思故事情节、设计角色形象、选择色彩和线条等，这些活动能够激发人们的创造力和想象力，促进思维的灵活性和创新性。

4.6.2.2 艺术疗愈实践——一颗种子的穿越之旅

今天，我们将用一笔一画，一起帮一颗寂寂无名的"种子"完成一趟穿越的旅程（图4-4）。

当你根据下面的提示，进行文字的扩写、删减、或是自由创作，并配合文字完成四幅小画后，你将收获关于"生长"、关于"至暗时刻""印痕"……的迷你绘本！

一定要坚持完成呦！

步骤一：每颗种子，都要经历一段暗无天日的时光。在这漫长而寂静的夜里，它默默地扎根于土壤之中，感受着大地的温度。黑暗，仿佛是它的庇护所，为它提供了安静与思考的空间……

步骤二：它知道，这段时光虽然看似孤独，却也是成长的必经之路。

只是，有时黑暗太久，孤独太久，似乎消散了等待与积蓄的耐心……又似乎……

示例：

步骤三：在黑暗中，某个特别的时刻，它感受到了生命的脉动，听到了自然的声音。

它感到自己不孤单，周围的一切仿佛都在默默地陪伴着它。

它想象着阳光穿透土壤，照亮自己的那一刻，

想象着自己破土而出，迎接新生的喜悦。

它又开始在黑暗中不断地吸收着养分，积蓄着力量。

它知道，只有经历了这段时光，自己才能更加坚韧、更加美丽。

它等待着破壳而出的那一刻，等待一个特别的契机……

示例：

步骤四：终于……

示例：

当你完成上面的绘本，请思考下面几个问题并及时地付诸积极行动。

（1）情感表达与识别

从上面的四幅图，你能回想起一些过去未完全处理或表达出来的情感吗？

在你的人生中，有哪些经历或情感是你一直想要表达但未能如

愿的？

（2）情境回顾

回顾四幅图的情境，其中你是否感到有某种情感或需求未能得到满足？

在那个情境中，你当时为什么没有表达出你的感受或需求？

（3）未完成事件的影响（如有，做这些思考；没有，略过）

这个未完成的事件如何影响了你现在的生活？

你是否觉得这个未完成的情结阻碍了你与他人的关系或自己的成长？

（4）重新体验与表达

如果你现在有机会回到那个情境，你会如何表达你的感受和需求？

想象一下，如果你在那个时候表达了自己，现在的情况可能会有什么不同？

（5）自我接纳与成长

你是否愿意接纳这个未完成的情结，并允许自己去面对和解决它？

完成这个未完成的情结对你来说意味着什么？它如何帮助你成长？

（6）未来行动计划

你计划如何采取行动来完成这个未完成的情结？

在你的行动计划中，你将如何确保自己的情感和需求得到充分的表达和满足？

如果你正在经历辛苦，我想你知道，每颗种子，都要经历一段暗无天日的时光。这段时光没人逃得掉，作为"人类"，"生命中的至暗时刻"亦是每个人人生考题中浓墨重彩的一笔。既然这样，当经历这种时刻时，我们在坚守与努力的同时也要好好爱自己，相信守得云开见月明！

延伸阅读

1.《复原力：应对挫折和压力的心理学》

作者：史蒂芬妮·阿兹里（Stephanie Azri）

本书结合了认知行为疗法、正念和积极心理学，通过12种实用有效的方法帮助读者逐步提升心理复原力，建立稳固和谐的内在，提升外在的灵活和坚韧性。书中提供的方法不仅适用于个人应对挫折和压力，也适用于帮助他人提升复原力，是一本兼具自我提升和助人功能的书籍。

2.《另一种选择》

作者：谢丽尔·桑德伯格（Sheryl Sandberg）

谢丽尔·桑德伯格是Facebook的首席运营官，她以自身经历为基础，结合更广泛的案例，探讨了如何应对人生中的逆境。书中不仅分享了作者个人的心路历程，还通过生动的案例让读者感受到面对挫折时的共鸣和支持，旨在帮助读者提升内在的复原力，乐观积极地应对生活中的挑战，重新获得快乐的能力。

第五课
生命中的责任与伦理

问题的提出

每个人在生命中都会扮演着不同的角色，每个角色都伴随着相应的责任。

1.在你的生命中，最重要的责任是什么呢？你有没有遇到过关于责任的选择和困惑？

2.当你的发展与"家族派遣"产生冲突时，如何调试与平衡？

3.有时候责任并不那么明确，比如面对一个社会问题时，我们应该如何确定自己的责任范围呢？个人责任的界限是什么？

4.当团队中出现问题时，如何公平地厘清责任的归属？明确各自的责任？

知识点

基本理论	表达性疗愈媒介	目标
责任的定义与分类	电影治疗＋叙事疗法	理解生命中责任和伦理的意义，通过视觉、听觉、语言等多元化感觉调动观影者的情绪情感，激发个体内在共鸣达到调节情绪、释放压力，以及认知重构与自我反思的目的
伦理的定义		
责任与伦理的关系		

生命中的责任与伦理是两个紧密相联的概念，它们构成了我们的行为准则和道德观念。在探讨生命中的责任与伦理时，我们可以从以下几个方面进行深入分析。

5.1
责任

5.1.1　责任的定义

责任是指个体或团体在社会生活中所承担的职责和义务。它涵盖了个人对家庭、社会、国家乃至全人类的责任。责任的重要性在于，它促使我们关注自己的行为和决策对他人和社会的影响，从而做出更为明智和负责任的选择。

在生命中，我们扮演着不同的角色，如子女、父母、朋友、同事等。每个角色都伴随着相应的责任。例如，作为子女，我们有责任孝敬父母、关心他们的生活和健康；作为父母，我们有责任养育和教育子女，为他们提供成长所需的关爱和支持；作为朋友和同事，我们有责任关心和支持彼此，共同追求个人和集体的福祉。

5.1.2　责任的类别

责任分为自我责任、家庭责任、个体社会责任三种（图5-1）。

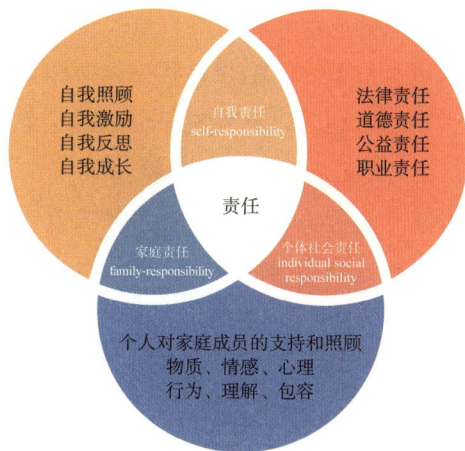

图 5-1　责任的类别

5.1.2.1　自我责任（self-responsibility）

自我责任是指个体对自己的行为、决策、情绪、思维以及由此产生的结果所持有的主动性和责任感。它涉及个人对自己生活的各个方面负责，包括自我照顾、自我激励、自我反思和自我成长等。

在心理学中，自我责任强调个体对自己行为的后果负责，而不是将责任归咎于外部因素或他人。这种责任感有助于个体更加自主地做出选择，并愿意承担由此带来的后果。同时，自我责任也促使个体更加关注自己的内心需求、价值观和目标，从而更加有意义地生活。

具体来说，自我责任体现在以下几个方面：

（1）自我照顾

关注自己的身体健康、情绪状态和生活环境，采取积极的措施来照顾自己，如均衡饮食、规律运动、保持良好的作息等。

（2）自我激励

设定明确的目标，并为之付出努力。在面对挑战和困难时，能够自我激励，保持积极的心态和行动力。

（3）自我反思

对自己的行为和决策进行反思，分析其中的优点和不足，以便更好地改进和提高。通过自我反思，个体可以更加清晰地认识自己，了解自己的需求和价值观。

（4）自我成长

不断学习和成长，提升自己的能力和素质。通过不断地学习新知识、掌握新技能、拓展新视野，个体可以更好地应对生活中的挑战和机遇。

自我责任对个人的成长和发展具有重要意义。它有助于个体建立更加积极的人生观和价值观，增强自我控制力和自我管理能力，提高生活满意度和幸福感。同时，自我责任也有助于个体在人际交往中更加成熟和理智，更好地处理与他人的关系。

然而，值得注意的是，自我责任并不意味着要过度承担责任或对他人的需求置之不理。在适当的时候，我们也需要寻求他人的帮助和支持，共同应对生活中的挑战和困难。

5.1.2.2　家庭责任（family-responsibility）

在心理学中，家庭责任是指个人对家庭成员在物质、情感、心理、理解、包容以及行为上的支持和照顾的义务和责任。这包括为家庭成员提供必要的物质条件，如食物、住所和医疗照顾，同时也包括情感上的支持和交流，以及心理上的关爱和陪伴。

家庭责任感的形成与培养是一个长期的过程，主要通过家庭成员间的交流、协作和互助来达成。它不仅仅是个人的事情，还是每个家庭成员都需要参与和努力的过程。家长的教育、引导和示范对家庭责任感的形成具有重要影响。

家庭责任感的强弱直接影响到家庭的和谐、稳定和发展。一个具有强烈家庭责任感的人，会更加关心家庭成员的福祉，愿意为家庭付出更多的努力和时间。同时，他们也会更加珍惜家庭关系，努力维护家庭和谐与稳定。

家庭责任与心理学中的"家族派遣"密切相关，在家族或家庭中，"派遣"可以被理解为一种期望、要求或任务，由父母、祖辈或其他家庭成员传递给孩子。这种"派遣"可能涉及学业、职业、婚姻、道德、价值观等方面，是家庭对孩子未来的一种规划和期待。

家族派遣对家庭成员的影响是复杂而深远的。首先，从定义上来看，家族派遣是指每个家庭或家族都会把它未完成的期待或有意或无意地寄托到孩子身上，即每个家庭成员都不可避免地承载了家庭赋予他们的使命。当家族派遣的期望与孩子的个人意愿和能力相匹配时，孩子可能会感到被理解、被支持，从而更加积极地去追求和实现这些期望。这种情况下，家族派遣可以成为孩子成长的动力，促进他们的发展。然而，当家族派遣的期望与孩子的个人意愿和能力不一致时，就会产生一些问题。孩子可能会感到困惑、无助，甚至产生抵触情绪。他们可能会在家庭和社会的压力下无法自由地表达自己的需求和想法。这种情况下，家族派遣可能会成为孩子成长的障碍，甚至导致一些心理问题，如焦虑、抑郁等。

5.1.2.3 个体社会责任（individual social responsibility）

个体社会责任是指作为社会组成部分的个人、成员或其他实体，在追求自身利益之外，还需要意识到并加以承担的提升自身及所在群体思想境界、精神修养、能力素质、治理水平的义务。这种责任涵盖了个人在处理与他人（家庭）、集体、社会、自然关系等方面的情感态度和行为表现，如诚信友善、合作担当、法治信仰和生态意识等，包含法律责任、道德责任、公益责任、职业责任等。

强调个体社会责任，有助于个人、成员或其他实体更加公平、公正地对待"他者"和周遭环境，并在与之进行关联及互动中提升各方的安全感、信任度、和谐水平、协调层次以及稳定秩序，进而为社会整体乃至国家和民族的和平与发展提供坚实基础。

5.2

伦理

5.2.1 伦理的含义

伦理是指人们在处理人与人、人与社会以及人与自然之间关系时所遵循的道德规范和行为准则。它关注的是如何做出符合道德要求的决策和行为。

伦理的原则包括公正、善良、诚实、尊重等。公正要求我们在处理事情时保持公平和正义，不偏袒任何一方；善良要求我们对他人充满关爱和同情心,关注他们的需求和利益;诚实要求我们在言行上保持一致,不欺骗他人;尊重则要求我们尊重他人的权利、尊严和价值。

生命中的伦理,也称为生命伦理学,是研究人类生命的伦理道德问题的学科领域。它关注的范围非常广泛,包括人类生命的起源、生命价值、生命权利、生命尊严、生物技术伦理、医疗伦理、人类遗传学等。生命伦理学旨在探讨人类面临的生命伦理问题,为决策制定提供道德指导,确保个体和社会对生命的尊重和保护。

在生命伦理学中,有一些核心的原则和概念。例如,生命价值是最基本的原则之一,它主张尊重个体的生命和尊严,不容许任何形式的剥夺和伤害。生命权利是探讨生命的基本权利,包括生存权、自主权和尊严权等。医疗伦理是研究医学领域中的伦理问题,如医学实验、人体器官移植、医疗决策等,强调医生在行医过程中应该遵循的道德规范和伦理原则。

此外,生命伦理学还涉及一些具体的伦理难题,如遗传伦理与基因编辑。随着遗传学技术的不断发展,人类已经可以实现基因编辑等高科技应用。但是,这种技术的应用也带来了一些伦理难题,如人类尊严的维护、基因歧视等问题。生命伦理学要求我们尊重人类的尊严和权利,确保基因编辑技术的合理应用,避免滥用和侵犯人类的权利。

5.2.2　伦理的分类

伦理可以从多个角度进行,本书探讨个人伦理、社会伦理与专业伦理(图5-2)。

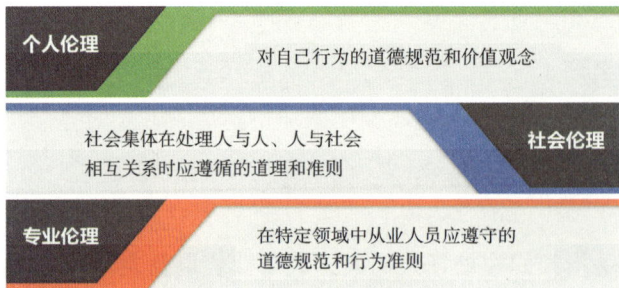

图5-2　伦理的分类

(1)个人伦理

个人伦理是指个体对于道德规范和价值观念的认识和行为准则。

它是一个人对于自己行为的伦理问题的思考和决策，包括对于自己行为动机的反思、对他人的关爱和尊重以及对社会公共利益的考虑。个人伦理不仅涉及个体与他人、社会关系的情感和道德义务，也涉及个体在日常生活中选择做出的道德判断和行为标准。个人伦理受社会环境的约束，虽然这种伦理不是明文规定，但它是一个社会在发展与传承中约定俗成的，社会成员都应当遵守的准则。

（2）社会伦理

社会伦理是指社会集体在处理人与人、人与社会相互关系时应遵循的道理和准则。它涉及社会集体的道德责任和行为准则，关注社会正义、公平和道德义务等问题。社会伦理是社会成员在共同生活、相互交往中形成的道德共识和行为规范，旨在维护社会秩序、促进社会和谐与发展。

（3）专业伦理

专业伦理是指在某个特定领域中从事职业活动的人员所应遵守的道德规范和行为准则。不同行业和职业的专业伦理标准有所不同，但它们都是为了保障公众利益、维护社会公正、保护职业信誉而制定的。专业伦理是基于普遍道德原则和价值观，具有强制或引导作用，能够规范从业人员的行为，维护行业的声誉和形象。同时，专业伦理也是从业人员在职业发展中必须遵守的重要素质和社会责任。

5.3

责任与伦理的关联

责任与伦理是相互关联的。一方面，责任是伦理的基石，只有当个体或团体承担起相应的责任时，才能确保他们的行为符合道德规范和行为准则。另一方面，伦理为责任提供了指导和支持，通过遵循伦理原则，我们可以更好地理解和履行自己的责任，从而为社会和他人做出更大的贡献。

当我们深入探讨责任与伦理之间的关系时，可以发现它们之间存在着紧密的联系和相互促进的作用。

①责任是伦理的核心组成部分。伦理为我们提供了行为的标准和原则，而责任则是这些原则在个体行为中的具体体现。伦理原则，如公正、尊重、善良等，都强调了个人对他人、社会以及环境的责任。个体在遵循这些原则的同时，也在履行自己的责任，从而维护了社会

的和谐与稳定。

②伦理为责任提供了理论基础和指导。伦理不仅仅是一系列行为规范的简单罗列，更是对人类行为和道德价值的深入思考和探索。它为我们提供了判断行为善恶、对错的标准，使我们能够明确自己的责任所在。在伦理的指导下，我们能够更加清晰地认识到自己的责任，从而更加自觉地履行这些责任。

③责任与伦理相互促进，共同推动了个体道德水平和社会文明程度的提升。一方面，个体在履行责任的过程中，不断加深对伦理原则的理解和认同，从而提高了自己的道德水平。另一方面，一个充满责任感的社会环境，也会反过来促进伦理原则的传播和普及，推动社会文明程度的提升。

在现实生活中，责任与伦理的关系体现在许多方面。例如，在职业领域，医生、律师、教师等职业都承担着特定的伦理责任，这些责任的履行，不仅体现了职业人员的专业素养和道德水平，也维护了社会的公正和稳定。同时，个体在承担家庭责任、社会责任等方面，也需要遵循伦理原则，如尊重他人、关爱弱势群体等。这些责任的履行，不仅体现了个体的道德水平，也促进了社会的和谐与发展。

总之，责任与伦理之间存在着密切的联系和相互促进的作用。个体在履行责任的过程中，不断加深对伦理原则的理解和认同；而伦理则为责任提供了理论基础和指导。通过深入探讨责任与伦理之间的关系，我们可以更好地理解个体行为背后的道德价值和社会意义，从而推动个体道德水平和社会文明程度的提升。

5.4

艺术疗愈实践：电影疗法

电影疗法的创始人是英国著名心理医生贝尔尼·弗德尔（Bernie Wooder）。他早在多年前就开始通过给自己的患者推荐各种艺术影片来治疗他们的心理疾病。弗德尔医生的这种治疗方法逐渐发展成为电影疗法，并在世界各地得到广泛应用。它是阅读疗法的延伸，但又不同于阅读疗法，电影疗法的特点在于可以通过视觉、听觉、语言等多元化的方式调动观影者的情绪情感，激发其内在的共鸣，因而被视为一种具有刺激性的讨论或隐喻性的干预。

目前，电影疗法已经得到了广泛的关注和研究。许多心理学家和咨询师开始探索如何将电影疗法与不同的治疗技术和理论相结合，以提高治疗效果。同时，随着科技的发展，虚拟现实（VR）和增强现实（AR）等新技术也为电影疗法提供了新的可能性和挑战。

在电影疗法的实践中，疗愈师会根据参与者的具体情况和需求，选择合适的电影，并引导参与者进行深入的情感体验和反思。通过电影中的角色、情节、音乐等元素，参与者可以在安全、受保护的环境中释放情绪、表达自我、理解他人，从而实现心理治疗和成长。

尽管电影疗法在实践中已经取得了一定的成效，但仍然存在一些挑战和限制。例如，如何选择合适的电影、如何引导参与者进行深入的情感体验、如何评估治疗效果等问题仍需要进一步研究和探讨。此外，电影疗法也需要与其他的心理治疗方法相结合，以更好地满足参与者的需求和提高治疗效果。

总的来说，电影疗法作为一种新兴的心理治疗方法，已经展现出了其独特的优势和潜力。未来，随着研究的深入和实践的拓展，电影疗法有望在心理治疗领域发挥更加重要的作用。

5.4.1　电影疗法学理基础

电影疗法的学理基础依赖于艺术治疗、心理学理论和电影学三大学科的交叉点。以下为其主要的学理基础。

（1）艺术治疗理论

电影疗法是艺术治疗的一种形式，它将电影作为表达和沟通的媒介进行心理治疗，帮助人们处理情绪困扰、提升自我认知、促进心理成长。

（2）心理学理论

电影疗法运用多种心理学理论，包括认知行为疗法、人本主义疗法、情绪焦点疗法等。这些理论为电影疗法的实践提供了指导和支持，帮助咨询师或治疗师更好地理解和应对参与者的心理问题和需求。

（3）电影学

电影作为一种独特的艺术形式，具有独特的叙事方式、视听语言和象征意义。电影疗法借助电影学的相关知识，分析电影中的元素（如角色、情节、音乐、色彩、空间等），以及这些元素如何影响观众的情感、认知和行为。

具体来说，电影疗法是将电影作为疗愈媒介，结合其他有效的心理治疗技术，在与参与者建立良好的疗愈关系基础之上，对观看影片过程中或之后所产生的内心体验以及疗愈过程中所产生的动力关系进行分析、解读，从而达到疗愈的目的。电影中的情节、角色和象征意义可以引发观众的共鸣，帮助他们更深入地了解自己的内心世界，释放情绪，提高自我认知，促进心理成长。电影疗法还可结合认知行为疗法中的暴露和反应预防技术，帮助参与者面对和处理他们的恐惧和焦虑，帮助参与者在一个安全、受保护的环境中，逐渐暴露他们恐惧的情境，并通过电影中的情节和角色来学习和模仿应对技巧。

5.4.2 电影疗法的心理学依据

（1）情感共鸣与投射

电影作为一种艺术形式，能够通过情节、角色和视觉效果等元素，引发观众的情感共鸣。观众在观看电影时，可能会将自己的情感、经历或问题投射到电影中的角色或情节上，从而引发深度的情感体验和反思。这种情感共鸣和投射有助于观众更深入地了解自己的内心世界，处理情感问题，实现自我成长。

（2）情绪调节与释放

电影疗法中的情绪调节和释放是指观众通过观看电影来调节自己的情绪状态，释放内心的压力和紧张。电影中的情感元素可以激发观众的情绪反应，如悲伤、愤怒、喜悦等，这些情绪反应有助于观众更深入地了解自己的情感需求，学会合理地表达和管理情绪。同时，电影中的情节和角色也可以成为观众情绪释放的出口，能够帮助他们缓解心理压力，提高心理健康水平。

（3）认知重构与自我反思

电影疗法能够促使观众对自我认知进行重构，通过电影中的故事和角色，观众可以重新审视自己的价值观、信念和行为模式。从而对自己的人生和成长有更深入的理解和领悟。

（4）观察学习与社会认知

电影疗法中的观察学习是指观众通过观察电影中的角色、行为和结果，学习新的行为模式、情感表达方式或应对策略。这种学习可以帮助观众在现实生活中更好地应对挑战，改善人际关系，提高生活满意度。同时，电影也提供了丰富的社会认知材料，帮助观众了解不同的文化、价值观和生活方式，从而增强自己的社会适应能力和同理心。

（5）艺术感染力与审美体验

电影作为一种艺术形式，具有强大的感染力和审美体验。观众在观看电影时，能够感受到美的力量和艺术的魅力，从而提升自己的心理素质和幸福感。观众从电影中能够获得积极的生活态度和人生哲学，增强自我认同感和生活满意度。

（6）自我反思与认知

电影疗法中的自我反思和认知是指观众在观看电影后，对自己的内心世界、行为模式、价值观等方面进行深入的反思和认知。这种反思和认知有助于观众更全面地了解自己的优点和不足，发现自己的成长潜力和方向。同时，电影中的故事和角色也可以成为观众自我反思的参照物，帮助他们更好地理解自己的行为和情感反应，从而做出更明智的决策。

电影疗法的心理学依据如图5-3所示。

图5-3　电影疗法的心理学依据

5.4.3　电影疗法的基本步骤

（1）选择电影

根据参与者的需求对应疗愈目标选择适配的电影。

（2）观看电影

这是电影疗法的基础步骤。针对需要讨论和解决的主题，选择适合个体或群体需要的电影，疗愈师会引导参与者关注电影中的关键情节、角色、主题、色彩、空间等，以帮助他们更好地理解电影并深入思考，通过观影来引发情感共鸣，激发情绪反应，促进自我反思。

（3）情感分享与讨论

观影后，参与者会在疗愈师的引导下分享自己的感受、体验和理解。通过小组讨论或一对一交流的方式，参与者可以深入探讨电影中的主题、情感冲突和解决方案，从而增进对自我和他人的理解。

（4）角色扮演与模拟

在某些情况下，疗愈师可能会要求参与者扮演电影中的角色，通过模拟电影中的情节来体验不同的情感和情境。这种角色扮演有助于参与者更深入地理解角色的内心世界，从而增强自我认知和情感表达能力。

（5）创作与表达

电影疗法也可以包括创作环节，如编写电影剧本、绘制电影海报或创作与电影相关的音乐作品等。通过创作，参与者可以表达自己对电影的理解和感受，进一步加深自我反思和成长。

（6）引导性反思

在电影疗法的过程中，疗愈师会引导参与者进行反思，帮助他们识别和理解自己的情感、信念和价值观。这种反思有助于参与者更深入地了解自己的内心世界，从而找到解决问题的方法和策略。

（7）主题探索与深度对话

针对电影中的特定主题（如人际关系、自我成长、社会问题等），疗愈师会引导参与者进行深入探讨和对话。通过这种主题探索，参与者可以增进对某一领域的理解和认识，从而拓宽视野和思维方式。

（8）结合其他疗法

电影疗法也可以与其他心理治疗方法（如认知行为疗法、人本主义疗法等）相结合，以提高疗愈效果。例如，在认知行为疗法的框架下使用电影疗法来引导参与者识别和改变不良的思维和行为模式。

综上所述，电影疗法的心理学依据涵盖了情绪释放与共鸣、观察学习与模仿、认知重构与自我反思、心理投射与情绪表达以及艺术感染力与审美体验等方面。这些依据为电影疗法提供了坚实的理论基础，使其成为一种有效的心理治疗方法。

5.4.4　电影疗法案例

5.4.4.1　探讨主题：生命的责任与自主——《闻香识女人》

电影通过讲述两个不同背景、性格迥异的男性角色——脾气暴躁的眼盲退休军官史法兰上校和年轻的学生查理之间的故事，展现了人性的复杂性和深刻性。观众可以从中感受到人与人之间的情感连接和相互理解的重要性，有助于增强人们的同理心和包容心，促进人际关系的和谐。

史法兰上校是电影中的核心角色，他的内心独白贯穿整个电影，反映了他的内心世界和情感变化。他经历了从绝望到重获希望的心路历程，从一个绝望的、想要自杀的人，逐渐找回了生活的勇气和力量，这种转变对于观众来说具有很强的启发和感染力。例如，在决定自杀前，他的内心独白充满了绝望和无奈："我一生所有的追求，所有的奋斗，就是为了让自己变得重要。"然而，在经历了一系列事件后，他重新找到了生活的意义和勇气，内心独白也变得积极和坚定："我知道哪条路是对的，毫无例外，我就知道，但我从不走，为什么？因为太他妈难了。"这句话展现了他对过去的反思和对未来的决心。史法兰上校的故事告诉我们，无论生活中遇到多大的困难和挫折，只要保持对生活的热爱和勇气，就能够找到希望和出路。这种积极向上的精神可以激励观众在面对困境时保持乐观和坚强。

查理是电影中的另一位重要角色，他的内心独白展现了他的成长和变化。他的心路历程经历了从迷茫、挣扎到最终成长和自我实现的过程。查理从一个犹豫不决、面临道德抉择的学生，成长为一个有勇气坚持自己信仰的年轻人，在面对学校的不公和道德困境时，他内心充满了挣扎和犹豫，然而，在史法兰上校的帮助和鼓励下，他逐渐坚定了自己的信仰和勇气，选择站在正义的一方。他的内心独白反映了他从迷茫到坚定的成长过程。他学会了坚持自己的原则和价值观，不再被外界的压力和诱惑所动摇。他也学会了理解和接纳他人的困境和挣扎，用自己的行动去影响和帮助他人。

5.4.4.2　场景讨论

电影中的场景设计也非常用心，无论是史法兰上校的家、学校的礼堂还是他们一起度过的感恩节周末，都充满了细节和情感的渲染。这些场景不仅为电影的故事情节提供了背景，也加深了观众对角色和故事的理解。疗愈师引导启发参与者在不同的场景中寻找自己内心的原风景，或者构建内心的原风景。

（1）演讲场景

史法兰上校在学校礼堂上为查理进行的精彩辩护是电影的另一个高潮。这场演讲不仅展示了史法兰上校的口才和魅力，也表达了他与查理深厚的友谊和对社会不公的愤怒。这场演讲不仅挽救了查理的命运，也激发了观众对于正义和公平的思考。

（2）探戈场景

味觉是人体五感六觉中较为特别的感受，无形却有知，"闻香"的叙事主线贯穿整部影片，电影中的探戈场景不仅展现了史法兰上校曾经的辉煌和魅力，也象征了他与查理之间深厚的友谊和相互理解。史法兰上校在车中闻到对面餐厅传来的烤猪蹄香味时，他的心情变得愉悦放松，而当餐厅传出浓郁的咖啡香味时，他陷入了深深的忧郁和失落。这些香味不仅触发了他的回忆，也展现了他内心的情感和挣扎。

5.4.4.3　情感分享与讨论

（1）盲人的感知世界

电影通过史法兰上校的视角，展现了盲人感知到的世界。观众可以看到他如何通过听觉、嗅觉和触觉来感知周围的环境和人物。这种独特的视角不仅增加了电影的观赏性，也让观众对盲人生活有了更深的了解。

（2）角色的内心独白

电影中使用了大量的内心独白，特别是史法兰上校在经历人生低谷和心灵挣扎时的独白，让观众能够更深入地了解他的内心世界和感受。这种手法增强了电影的感染力和说服力。

（3）角色间的微妙关系

电影中的角色关系错综复杂，既有师生之间的尊重与理解，也有朋友之间的支持与陪伴。特别是史法兰上校和查理之间的关系，从最初的陌生和冲突到最后的相互理解和支持，展现了人与人之间深厚的情感纽带。

（4）音乐的运用

电影中的音乐也起到了重要的作用，无论是史法兰上校喜欢的探戈音乐还是其他背景音乐，都为电影的氛围和情感渲染增添了色彩。特别是探戈音乐的运用，不仅展现了史法兰上校曾经的辉煌和魅力，也象征了他与查理之间深厚的友谊和相互理解。

（5）社会问题的反思

电影不仅关注了个人的情感和成长，还通过角色们的经历和遭遇，对当时社会存在的问题进行了反思。比如，学校中的权势斗争、社会对于残疾的偏见和歧视等，都是电影中探讨的重要议题。

延伸阅读

1.《小王子》

作者：法国作家圣埃克苏佩里（Saint-Exupéry）

这是一本以童话形式讲述的经典著作。通过小王子与各种各样的人物的交流，讲述了关于友谊、责任和思考人生意义的故事。这本书以简单而深刻的语言表达了人类对于人性纯洁的向往和追求，对于理解人生责任与伦理具有启发作用。

2.《伦理学导论》

作者：唐纳德·帕尔玛（Donald Palmer）

该书对古希腊时期至今西方世界主要的道德理论逐一进行介绍，旨在使希望掌握伦理学推论方法的人获得更多裨益。书中包括道德哲学及其缺陷、利己主义与享乐主义、康德伦理学等内容，并配备220余幅插图，以引人入胜而又易于理解的方式阐释复杂的伦理学概念。

3.《人生》

作者：法国作家帕特里克·朗博（Patrick Rambaud）

这是一本反映人性善恶、道德价值的小说。通过主人公在困境中的选择和成长，书中深刻描绘了人性的复杂和面对艰难困苦所经历的挑战。这本书可以启发读者思考人性的伟大和悲惨，激发他们主动追求真理和美好的动力。

电影清单

1.《廊桥遗梦》

中年女性弗朗西丝卡婚后生活在麦迪逊县的一个小镇上，日子平淡无奇，缺乏激情。一天，《国家地理》杂志的摄影师罗伯特·金凯德为了拍摄麦迪逊县的廊桥而来到了这个小镇，并与弗朗西丝卡相遇。两人在短暂的相处中迅速坠入爱河，度过了刻骨铭心的四天时光。然而，面对迟来的爱情与家庭责任，弗朗西丝卡最终选择了后者，而罗伯特也选择了成全。他们决定将这份深情埋藏在心底，各自继续自己的生活。尽管无法在一起，但他们心中对彼此的思念和爱意却持续了一生。十几年后，弗朗西丝卡收到了罗伯特的遗物，其中包括他当年贴在罗斯曼桥上的纸条，这让她再次回想起那段美好的时光。最终，弗朗西丝卡的骨灰与罗伯特的骨灰一起被撒向了罗斯曼桥，他们的灵魂得以永远相守。

影片探讨了爱情、婚姻与责任之间的冲突和抉择，展现了人性的复杂与深刻。

讨论"生活空虚感"或"存在焦虑",感受生命的无意义和缺乏激情;"道德冲突"或"价值冲突",内心的冲突和挣扎,即个体在面对两种或多种相互冲突的道德或价值选择时,所经历的内心痛苦和抉择;"未完成事件"或"心理创伤",即个体在面对未达成的愿望或目标时,所经历的内心痛苦和遗憾。

2.《热辣滚烫》

这是一部充满励志与喜剧元素的电影,讲述了主角杜乐莹从一名宅女到拳击手的蜕变过程。

杜乐莹长期宅在家中,与妹妹因生活琐事产生矛盾后,决定独立生活。然而,求职过程中被恶意剪辑、酒吧工作被性骚扰等遭遇,让她备受打击。在命运的安排下,杜乐莹结识了拳击教练昊坤。昊坤看到了她内心的坚韧与不屈,决定帮助她通过拳击来重塑自己。经过不断的努力与奋斗,杜乐莹在拳击技术上取得了显著的进步,更重要的是,她学会了如何面对生活的挑战,找回了对生活的热爱和自信。最终,虽然在一场重要的比赛中未能取得胜利,但杜乐莹却赢得了自己内心的尊重和认可,完成了从宅女到拳击手的华丽蜕变。

影片可以从脚本理论、自我管理理论、原生家庭的养育模式、自我同一性的构建、自信信念的养成等多视角讨论。

其他议题及影片推荐

议题	电影名称	讨论内容
如何活下去	《海边的曼彻斯特》	如何面对自己犯的错,不和解也是选择。
	《天注定》	如何面对人生的困境与彻底的失望。
	《牯岭街少年杀人事件》	时代困境与环境威胁,成长的孤独与痛苦。
如何生存	《荒岛余生》	自然的危险,若流落荒岛,会遭遇什么?
	《美丽人生》	生死之间,像玩游戏一样面对死亡。
	《老男孩》	被监禁、戏耍的人生。难道是禽兽,就不配活着吗?
谈论死亡	《海街日记》	"死得其所","活得其所"。
	《寻梦环游记》	如何选择人生路,正确理解家人的羁绊。
人生的价值	《无问西东》	人在困境中的选择与生命价值。
	《痛苦与荣耀》	长在之情与多病之身,该救赎还是沉溺。
	《肖申克的救赎》	心怀希望,付诸行动,一切皆有可能。

第六课

生命的情感与情绪

问题的提出

1. 你明白自己的情感从何而来吗?

2. 你是否时常感到自己被情绪所控?

3. 你明白情感、情绪和行为、身体之间的关联吗?

情感与情绪充斥在每个人的日常生活中,并时常影响着我们的行为。情绪有时衍生出一些负面的影响,人们也时常听到关于"控制""管理"情绪的方法。那么,当一个人伤心、难过、愤怒、恐惧的时候,应该怎样去控制或管理这些情绪呢?俗话说:"知己知彼,百战不殆"。如果不了解情绪,不明白自己的情绪产生的原因,真的能控制并管理好它们吗?

在这一章节,我们将开启对情绪的探索,让它们不再是那么的变幻莫测,而是更明白产生那些"该被控制、管理"情绪的原因,从而决定到底是该管控产生的情绪,还是管控情绪的产生。

知识点

基本理论	表达性疗愈媒介	目标
曼陀罗	情绪曼陀罗	看见不同情绪在生活中的存在,调整认知与感受之间的差异
认知行为中的"觉知三角"		
身体对情绪的储存	身体扫描	觉察情绪和身体之间的关系
积极情绪和积极率	情绪容器	改变对情绪的理解和处理态度
情绪的主观与客观	情绪怪兽	发现被忽略隐藏的情绪背后的需求

关于情绪,最常见的解决方式是——讲道理。可惜常见的、被广泛使用的,未必是真正有效的。举个例子,假设你遇到了一件非常令你气愤的事,你的心跳加快、音调升高、头脑也开始变得不冷静……你非常不喜欢这样的状态,于是和自己说:"不要生气,这样对身体不好""不要生气,这个人/这件事不值得""不生气了,去干点让自己高兴的事"……相信很多人都试过类似的方法。那么,效果如何呢?你真的就不生气了吗?如果你诚实地思考一下,可能会发现——大部分的时候,答案是否定的。你也许会在短暂的时间里从愤怒的情绪里脱离出来,但很快,又会不知不觉地陷入刚才的情绪中。

困在情绪的漩涡中,自己和身边的人都可能会不舒服。当你在因某事而感到难过的时候,可能会听到类似的安慰:"别难过了,××遇到了那样的事,比你还惨,不也好好的,你这点事儿算什么"。虽然,这话并不能让你难过的感觉消失(参考上面的例子),但你可能会因此把难过埋在心底——不再提及、忽略，甚至否定它。久而久之，难过这种情绪开始变得模糊，你自己也未必能准确地识别它。无法识别情绪，就更不能用合适的方式去表达情绪。有人一边流泪，一边说"我没事"；一边暴躁，一边说自己"没有生气"。这样的冲突，不仅会造成行为上的不受控、言行不一致、身心不合一，严重时还可能会产生心理上的障碍。

也许有人会说，情绪嘛，每天都有，来来去去的，没必要大惊小怪，那么在乎。这话也没有错，但"甲之砒霜，乙之蜜糖"，对 A 不会引起情绪波动的事，有可能对 B 产生极大的影响。对于容易被情绪所累的人，如果在产生某种不舒服的情绪时，能通过觉察让自己更好地接纳这种情绪，甚至更进一步找到源头，避免以后因为类似的事件而产生同样的情绪。依此类推，不断提升自我对各种情绪的认知，更好地与它们相处，让自己趋于和谐统一，趋于完整，成为全人，是人生追求的终极目标。如果有办法帮助我们靠近这个目标，难道不好吗？

心理学以帮助普通人拥有幸福的生活、高效的工作以及充实的人生为一大目标，"帮助人类心灵成长、认知提升"，用积极乐观的态度来面对生活并追求真实的幸福。为着这样的目标，心理学家们用无数的实验与实践不断地进行各种探索。与人们生活息息相关的情绪，自然是其中的一个重要研究对象。塞利格曼（Seligman）认为感情能进入并改变人们的意识，而行动则是基于感官的反应。当情绪与人们的言行息息相关、相互影响时，我们希望用艺术治疗的方式帮助人们认识、了解自己的情绪和感受，改善与他人的相处方式，更好地适应社会生活。

6.1

曼陀罗

作为一个古老的符号，圆一直以其全方位的和谐统一在帮助人们理解并完善自我。荣格将图像和符号视为来自心灵的交流，相信它们是内在需求的隐喻。最初，他在对自我的探索过程中在圆（又称曼陀罗）里进行绘画，为自己创造安全的空间去表达和思考。逐渐，曼陀罗发展成为艺术治疗中十分常见的一种练习方式。曼陀罗具有保护和整合的功能，能帮助创作者减少冲突、健全人格。它既能被用作一种评估工具，也可以作为一种治疗的方式。曼陀罗绘画能帮助患有创伤后应激障碍的人减轻症状，帮助患有注意力缺陷障碍或注意力缺陷多动障碍的儿童提高注意力，减少冲动行为。它有镇静的作用，能带来类似冥想的效果，也能"表达和转化情绪"，收获"和谐与稳定"。

在存在主义艺术治疗中，"情绪的疗愈与艺术的自我表达是同义词"。情绪曼陀罗是一个记录和表达当下生活的方式。创作者在自己创作的图像中有所看见和思考，产生可能的新感受。比如，有人看见自己的愤怒比想象中大（感觉到被承认），心里"觉得舒服多了"；有人发现画中的愤怒比自己以为的小，意识到自己可能放大了这部分的情绪，也觉得"很舒服"；有人在图画中意识到自己对某些情绪的关注度远超其在生活中的比例，决定调整对这些情绪的态度。这就为创作者提供了一个通过作品的呈现和自我的感受进行整合与调整的机会。

6.2
认知行为中的"觉知三角"

任何一种强烈的、几乎让人难以招架的情绪都可以被分解成三个主要的部分：我所想的、我所做的，以及我的身体感觉是怎么样的。在认知行为治疗中，这三个部分被称为觉知三角。

①认知（我所想的）——往往是由情绪状态引起的或与之相联系的思维。

例如，一个感到悲伤的人可能会认为情境是毫无希望的或者是自己不能胜任的（"我总是会把事情搞砸"）。

②行为（我所做的）——个体应对情绪状态时所采取的行动或是有冲动、想要去做的事情。

人们常常会不假思索地对某种情绪做出反应，这些就是我们所谓的情绪驱动行为。在很多情境下，这种不假思索的反应是必要的，例如，当迎面驶来一辆汽车的时候，恐惧的情绪会促使我们以最快的速度跳到旁边的马路上，从而避免身体受到伤害。但是在另外一些情境下，情绪驱动行为会给个体的生活带来麻烦。例如，一个感到抑郁的人可能会一整天都待在床上或者只是玩手机，因为走出去以及"面对"这一天的想法会让他/她不知所措。然而长远来看，这样的回避会强化孤独、无助等等负面情绪，让其更深地陷入抑郁。

③生理（我的身体感觉是怎么样的）——和情绪状态相关联的或伴随着主观情绪体验的身体反应。

例如，恐惧通常伴随着心跳加速、肌肉紧张，可能还会有呼吸急促。焦虑伴随的是手心出汗、胃痛。悲伤通常伴随的是四肢沉重的感觉。

觉知三角在每一种情绪体验中都可以被识别。识别这三种成分是非常重要的，因为它们不断互动，并且互相提供能量，影响并改变着个体当下的体验。利用觉知三角的模型图来监测和记录自己的情绪体验，会帮助你更好地理解和掌控自己的情绪（图6-1）。

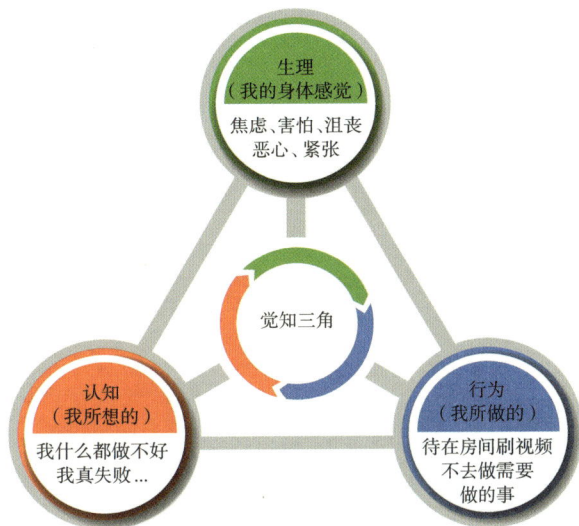

图6-1　认知行为中的"觉知三角"

6.3

身体对情绪的储存

"身体扫描"是一个旨在帮助参与者通过对身体的觉察去看见和发现的艺术治疗技术。

在《身心合一》这本书中，作者肯·戴奇沃迪（Ken Dychtwald）通过大量的观察与实践发现情感和身体的部位之间存在着紧密的联系——身体会以某种方式将情绪储存起来。在该书中，作者介绍了生化学家及生理学家伊达·罗夫的发现——"生理和情感上的创伤会导致肌肉及筋膜组织紧缩、硬化"，并认为当人们把某些不愉快的记忆无意识地封存在身体里时，就可能降低身体的弹性和平衡，产生肌肉硬化。而这些紧缩与硬化又会反过来阻碍情感在身体里的流动，甚至造成身体发展的失调和分裂。更为神奇的是，那些相似的情感储存于不同人的身体里的相同部位。例如，背部上方关联着愤怒，下颚牵连着悲伤，肩膀则承担着重负和责任等。因此，当通过冥想去感受自己的身体时，让我们得以将身体的知觉与情绪进行连接，再通过图像的呈现去唤醒尘封的记忆，帮助我们去了解情绪、身体、需求等，降低潜意识给我们带来的影响。

在弗洛伊德看来，潜意识里埋藏着人们的压抑；荣格则相信"潜意识是具有目的性和补偿性的"。艺术创作能加强人们与潜意识的连接。而人们对潜意识认识的增加，就可能带来态度上的改变。

艺术能从精神、情绪等层面对心理问题进行有效的治疗。将整合性的艺术与医院的室内设计结合，能为治疗带来积极的影响。当人们参与到艺术创作中时，艺术的创造力更具有治疗性。"艺术治疗能够改善病人心态、减少他们对止痛药的需求……其他的药物和治疗难以有这种效果"。

6.4

积极情绪和积极率

如果请大家把自己的情绪分为积极或消极情绪，大部分人不需要特别的说明都会很自然地将"快乐、开心、喜悦"等归为积极情绪，将"伤心、难过、愤怒、痛苦、恐惧"等归为消极情绪。在致力于研究如何让人们生活得更美好的积极心理学里，积极情绪是其三大基础研究之一。杰出的积极情绪研究者芭芭拉·弗雷德里克森（Barbara Fredrickson）和她的团队经过长期的研究总结出了十种积极情绪——喜悦、感激、宁静、兴趣、希望、自豪、逗趣、激励、敬佩和爱。他们认为这些积极情绪能让人感觉良好；让人变得更加开放并富有创造性；帮助人们产生健康与成功；改变人们的思维方式；并改变未来的生活。积极心理学的主要倡导人马丁·塞利格曼相信积极和消极情绪都有其存在的意义：消极情绪让人对外界威胁保持警觉，才使人类得以从远古存活到现在；积极情绪让人的思维从挑剔转向欣赏，变得包容、开放和创新，推动着社会的和谐与发展。

了解和分辨情绪极为重要。因为虚假的积极情绪可能带来致命的危险——当人们不是发自内心地微笑时，患冠心病的可能性与在愤怒的情绪中是一样的！而关于消极情绪，也有恰当与不恰当之分。恰当的消极情绪具体且能够被改善，可能促使人们想办法去进行改变；而不恰当的消极情绪所带来的影响则可能是腐蚀性的，会产生毁灭性的恶性循环。弗雷德里克森提出了"积极率"这一概念。要算出自己的积极率，只需"在任意一段时间内，用你的积极情绪的出现频率除以相同时间段内消极情绪的出现频率"。要想拥有欣欣向荣的人生，则需要记住这个经弗雷德里克森团队反复研究及验证所得出的数据——3∶1及以上（但不能超过11∶1）。因此，她的建议是："每承受一次撕心裂肺的消极情绪，就需要体验至少三次能够让你振奋的积极情绪。"我们可以通过增加积极情绪，减少不恰当的消极情绪来提高个人的积极率。本章节中艺术体验实践的目的就是帮助我们通过觉察、了解情绪，去调整对待情绪的态度，并实现3∶1或以上的积极率。

6.5

情绪的主观与客观

情感源于潜意识，并塑造人们的行为和态度。情绪感受与行为之间的紧密关联体现在不同的理论里——荣格理论中，行为包含思考、感受、直觉和感觉；阿德勒的理论里，情绪则由感知、思考、感受与行动所组成。如果情感所关联的特定行为会影响人们与他人的关系（产生亲近或疏离等），那么了解情绪，提高对自己行为模式的认知，就可能实现突破与改变。

纽约时报畅销书《清醒地活》（*The Untethered Soul*）中，迈克·辛格（Michael A.Singer）认为，想要获得真正的心灵自由，需要客观地看待自己。当创作者将自己的情绪通过艺术创作去进行表达时，创作过程中的感受，作品的呈现同时为其提供了从主观和客观的双重角度。你既可以体会到自己的情绪，又能够观察它的呈现——实现从主观到客观的转化，让"客观看自己"变得切实可行。艺术治疗也是对内外世界的整合。创作是在连接并表达创作者的内心，而作品则是与外部世界进行连接的途径。辛格相信"彻底解决问题的唯一办法就是走入内心"。艺术作品的表达直指灵魂。这就让艺术治疗成为了一种帮助人们触达内心的有效方式。

6.6

艺术疗愈实践：视觉艺术疗愈

艺术是一种无声的语言，有时能比文字更清晰，直接地表达人们的思想、情感以及情绪的真实状态。"艺术即治疗"和"艺术心理治疗"在艺术治疗的领域里以不同的方式为人们带来治疗的功效。艺术治疗师沐恩（Moon）相信，只要用艺术的方式去自由表达，就可能带来情绪上的疗愈。很多时候，即使创作者表达不好的情绪，这个过程也可能会带来好的感觉。在某些时候，创作者在创作的过程中就能够得到领悟，实现疗愈。这都是对"艺术即治疗"的说明。但同时，也有艺术治疗师认为图像可以用来"沟通和体现情感状态"，信奉可以通过心理治疗的方式在艺术的创作和作品中进行治疗（即"艺术心理治疗"）。这两种曾经"势不两立"的观点随着发展，在如今的艺术治疗领域中和谐并存。治疗师们相信它们在不同的时候以各自独特的方式为人们提供着改变认知的契机。

本章节会分享几个艺术治疗的实践体验，希望大家能通过这些将情感状态或情绪具象化的过程增加对自我的认识和了解。同时，也通过这些体验理解艺术治疗如何促进我们表达、释放和呈现情感或情绪，又如何在这一过程中帮助人们增加对情绪的认识，并实现一定程度的疗愈。虽然文字中会用积极情绪和消极情绪这样的字眼，但情绪本身并没有好与坏或者对与错。积极的情绪可以把思维引向更有创造性、包容性、建构性的方向，而冷漠、消极的情绪也可能激发挑剔的批判性的思维，帮助人们做出更敏锐的决策。了解情绪，才可能与它们更和谐地相处，发挥其优势。

在开始艺术治疗的体验活动之前，有些重要内容需要提前告知参与者。在艺术治疗的创作中，非常容易出现潜意识的极私人的情感表达。因此，活动带领者一定要时刻谨记相关的基本原则。需要的话，甚至可以邀请参与者签知情同意和保密协议。有关这方面的资料很多，这里只着重强调几条基本的原则：

①为了更好的效果，在冥想和创作的过程中，请参与者尽量保持安静和专注。如果是团体活动，更要注意不去干扰他人。

②关于创作的作品，我们不关注它是否好看，而是关注创作过程中的感受以及作品所呈现的内容。表达越自由，效果越好，鼓励大家随心随性地进行创作。

③如果出于记录、宣传或其他目的，需要对活动进行拍摄，请务必提前告知参与者并征得其同意，如果对方不愿意出镜，必须尊重当事人的意愿。

④在交流过程中，参与者始终掌握着对分享内容的决定权。

⑤在团体活动中，每个人的表达都是自己的主观看法或感受，没有对错或好坏之分。参与者需保持相互的平等和对彼此的尊重。

本章节的艺术体验均包含以下3个步骤。

①冥想带导：这部分在5～10分钟左右，视具体的活动目标而定。为避免重复，我在本章节将冥想带导分为A、B两部分。

A部分的带导语相对固定，目的是帮助参与者在身处的环境中逐渐安静下来，建立与自己的连接：

选一个舒服的姿势坐好。可以的话，请你轻轻地闭上眼睛。调整姿势，尽量放松自己的身体。感觉身体与椅子、地面接触的部分……将注意力集中在胸腔的起伏，去感受空气随着呼吸的进入和呼出……慢慢地，我们做三次绵长的呼吸……深深地吸气，让氧气充满身体里的每一个细胞；缓缓地呼气，带走身体里的浊气与垃圾……再次吸气，想象自己在吸气时吸入更多的能量，呼气时，吐去心中的压力与不悦……最后一次深呼吸——深吸……缓呼……

（接下来，根据节奏，进入B部分的冥想带导）。

B部分带导语随主题内容而变化，目的是将参与者介绍到即将要进行的创作内容中。帮助参与者与自己的内心感受进行连接，促进脑海中画面的形成。

②艺术创作：通常控制在25分钟左右。创作过程中尽量使用舒缓的、不过度引起参与者情绪的音乐（除非有明确的激发情绪的目标）。保持环境的安静，让参与者不被干扰，专注地进行创作。

③思考交流：时间灵活，个体约15分钟，团体则在30分钟以上（视人数而定）。在引发思考和交流的过程中，以真诚、尊重和包容的态度去面对每一位参与者。

6.6.1　情绪曼陀罗

目标：看见存在于自己生活中的不同情绪，看见那些情绪的存在或呈现方式，调整自己对待它们的态度等。

材料：A3或A4白纸，彩笔（铅笔、马克笔或其他），可额外增加彩色黏土、扭扭棒、彩纸、贴纸、剪刀、胶水等。

步骤如下。

（1）冥想带导（A+B）

A部分。参考"步骤说明"中的A部分。

B部分。

当你慢慢平静下来，想象一下，如果将自己最近所感受到的各种情绪全部画在一个圆里，会有怎样的画面？先想一想，我最近感受到过哪些情绪？它们是紧张、担心、焦虑、害怕、愤怒……（停顿）还是喜悦、幸福、祥和、平静……（停顿）这些情绪可以以任意的形式出现——一个事件、一种颜色、一种图案或者线条……（停顿）让自己去感受这些情绪，让画面自然地浮现在你的脑海……（停顿）如果你已经看见了脑海中的图像，或者你已经准备好要开始创作，可以慢慢地睁开眼睛，选择自己喜欢的彩笔，将这个图像用自己认为合适的方式表达出来。

（2）艺术创作

说明：可以预先在纸上画好圆，也可以请参与者自己画。

（3）思考交流

参考问题：这个圆在纸上的大小如何？圆圈是什么颜色的？圆里都包含有哪些情绪？里面有没有让自己感到意外的部分？这些情绪中哪些是偏积极的，哪些是偏消极的？它们的比例如何，你满意吗？如果想要，你有什么办法可以让积极的情绪增加，消极的情绪减少？再看看这幅画，你对自己或自己的情绪是否有新的发现？

（4）实例分享

在这幅被创作者Lydia取名为"盛典"的情绪曼陀罗里，她看见"冬天的大海上漂浮着一些彩色的浓烈情绪，右边红色的区域是我的愤怒，左边是我的不满或者是嫉妒（图6-2）。每当我察觉到它们并展现出来，它们便化成了一丝丝线条向下进入了海里，和大海融为了一起。中间升起的水柱好像一种能量把灰色的水面净化了……小伙伴说像烟花、像盛典……让我想到我们的情绪都是合理的，只要合理地释放，就是我们自己内心的盛典吧。"

Lydia说"情绪都是合理的"，这让咨询师感受到她对自己情绪的接纳，而"内心的盛典"更表达了一种积极看待情绪的态度。

图6-2　情绪曼陀罗创作

6.6.2　身体扫描

目标：将情绪与身体进行连接，增加对身体的觉察。认识情绪对身体的影响，用积极的态度和方式去进行调整。

材料：A3或A4白纸，彩笔（铅笔、马克笔或其他），可额外增加彩色黏土、扭扭棒、彩纸、剪刀、胶水等。

步骤如下。

（1）冥想带导（A+B）

A部分。参考"步骤说明"中的A部分。

B部分。

当你逐渐平静下来，请试着去扫描自己的全身，从头顶开始逐渐向下，扫过你的眉毛、脸颊、耳朵，再到嘴唇、脖颈、肩膀……根据自己的节奏，去感受自己身体的每一个部分。它们都有什么感觉？是否有紧张？是否有疼痛？是否有麻木或者酸胀等等？它是否关联着你的某一段经历？在那段经历中是否有温暖的、痛苦的、难过的、美好的记忆……慢慢地扫过你的全身，慢慢地去感受和觉察……（等待1～2分钟后，用轻柔的声音再次开始）当你扫描过全身并在脑海中浮现出某些图像时，或者你已经准备好开始创作时，可以慢慢地睁开眼睛，选择自己喜欢的媒材，用自己认为合适的方式去对身体不同部分进行表达。

（2）艺术创作

说明：可以预先在纸上画好人形，也可以请参与者自己绘画。

（3）思考交流

参考问题：你完成了这幅图后，看到图片的第一感觉是什么？你是否在某些身体部位感受到某些情绪？你是否能联想到这些情绪背后的记忆和需求？你是否可以做些什么让身体里那些不舒服的部位感觉好一些？画中是否有让你特别不喜欢的部分？为什么？如果可以调整，你觉得可以怎么做？如果做到这些调整，你觉得图画中的身体会发生变化吗？请具体说明。

（4）实例分享

创作者Kath（图6-3）："那段时间的我一直被情绪困扰着，我只感受到头很重很重……重到我没办法思考，但身体是渴望自由、绿色、平静……通过自己的画，我才发现，我渴望快速解决掉我的问题，但同时渐渐地忽略掉自己内心真正渴求的……我的内心慢慢在觉醒……那种感觉真好！"

咨询师：进行这个创作时，Kath的状态并不好。看到大脑里三个巨大而沉重的砝码，让她意识到了自己所承受的压力，也让她意识到自己需要做出一些调整。

6.6.3　情绪容器

目标：情绪容器既是对过往（或未来）情绪的存放，也可以是孕育变化的基地。作品的呈现可能会帮助创作者从新的角度认识和了解情绪和自我，带来感悟及变化。

图6-3　身体扫描创作

材料：可以存放物件的容器（塑料或玻璃瓶、纸盒或其他可以容纳物品的器皿；可以有盖子也可以没有；可以透明或不透明），A3或A4白纸，彩笔（铅笔、马克笔、丙烯笔或其他），彩色黏土、扭扭棒、彩纸、贴纸、剪刀、胶水、其他可以放在器皿中的物件如彩球等。

步骤如下。

（1）冥想带导（A+B）

A部分。参考"步骤说明"中的A部分。

B部分。

当你逐渐平静下来，请试着去想一想，如果将自己的情绪以积极和消极情绪区分，并分别放进两个容器，你会选择什么样的容器？它们是相同的器皿吗？容纳消极情绪的容器，是什么样子？里面都有些什么情绪？……（停顿）如果存放积极情绪，这个容器又是什么样？……（停顿）它们是高的、矮的、宽的、还是瘦的？它们是透明的还是涂满颜色的，是收口的还是敞开的？……（停顿）如果你已经知道了自己情绪容器的样子，或者准备好了，可以慢慢地睁开眼睛，选择合适的方式去进行自己的创作。

（2）艺术创作

说明：可以选择容器去进行装饰，也可以用图画的方式；可以同时做积极和消极容器（需要更长时间），也可以只针对其中的一类情绪进行创作；也可以把两种情绪同时放在一个容器里。鼓励参与者遵循自己喜欢的方式。

（3）思考交流

参考问题：关于作品，你都看见了什么？是否有满意的喜欢的地方？是否有让你意外的地方？在创作的过程中，你有否对这些情绪产生新的看法或理解？你觉得这些情绪被存放在这个容器中是否会发生变化？如果会，可否具体描述一下这些变化？当你在未来碰到类似的情绪时，你是否愿意把它们放到这个容器里？如果会，这样的行为、这些情绪或这个容器可能对你产生什么影响？

（4）实例分享

创作者小J（图6-4）："作为一个在生活中经常纠结的人，这次从选择材料到制作，我感受到内心的坚定……情绪是滋养我成长的土壤。每一次情绪的升起，都是一次重新审视自己的机会，让我向内探索，向下扎根，让生命之树能向上茁壮成长。因此我用棕色代表情绪的土壤，棕色中掺杂的白色代表生命之树的根系。情绪无好坏之分，都属于我的一部分，好与坏只在一念之间。通过对情绪的照见，让我能一点点地找回真实自己，让我在选择和做事情时更坚定，于是，生命之

图6-4　情绪容器创作

树长出了嫩叶，开出了小花儿，甚至结出了一些果实。

制作完成后，内心是感动的，让内心深处缺乏自信的我看到：原来自己的生命之树是如此灵动！谢谢一路走来的自己！愿自己更勇敢一些，打开自己，让自己绽放、璀璨！"

咨询师：第一眼看到这个作品的时候，我就被它所呈现出的顽强的生命力和孕育中的美好打动了。瓶子里所盛放的部分深沉而复杂，然而这样的土壤里却长出了一棵富有生命力的树，并且在树枝上有含苞待放的花骨朵（预示了对未来会更美好的信心）。

6.6.4 情绪怪兽

目标：每个人的心里都可能有一些没有被看见或者认真对待的情绪。这些被忽略或被错误对待的情绪，可能会在累积后用非健康的形式表现出来。用艺术创作的方式把它们表达出来，给自己一个和它们认真对话的机会，可能会找到更合适的处理方法。

材料：A3或A4白纸，彩笔（铅笔、马克笔、丙烯笔或其他），彩色黏土、扭扭棒、彩纸、剪刀、胶水等。

步骤如下。

（1）冥想带导（A+B）

A部分。参考"步骤说明"中的A部分。

B部分。

当你逐渐安静下来，邀请你去想一想，在过去，是否有因为坏情绪而发作的时候？这情绪也许是愤怒、也许是伤心、也许是害怕、也许是难过，也可能是一些其他的感受……（停顿）它可能是一种情绪，也可能是一些不同的情绪。当情绪发作的时候，你觉得它是什么模样？张牙舞爪、耀武扬威？或者可怜兮兮、小心翼翼？又或者其他的一些样子？你觉得它可能住在你身体里的哪个地方……（停顿）给自己一些时间去回想和感受……（停顿）当你的脑海中有了画面，或者你已经准备好开始创作，就可以慢慢地睁开眼睛，选择合适的方式去把这只情绪怪兽呈现出来。

（2）艺术创作

说明：鼓励参与者自由地、用自己喜欢的媒材去进行创作（虽然在体验中用了"怪兽"这个词，并不表示每个人的内在情绪都一定是怪兽的样子。每个作品的呈现都和创作者的经历以及当下的感受有关）。

（3）交流分享

参考问题：这个怪兽的样子和你想象的一样吗，为什么？你觉得它看起来是什么样的（可怕、可怜、强壮、弱小）？你觉得它的感受是什么？想要和你说些什么？你有什么想要对怪兽说或者做的吗？有没有什么可以让你或者怪兽感觉更舒服的办法？作品中有让你惊讶的部分吗？

（4）实例分享

创作者岛主完成了情绪怪兽创作（图6-5）后说："在画画的过程中看到自己当下杂乱的情绪，而这种当下杂乱的情绪是在画前没有意识到的，画面也让大家有不舒适的感觉。""当时的状态是想要带着热情被遇到的人爱，可那段时间其实我已经有些疲惫了，有点力不从心的状态，画的小怪兽是彼此"打架"的混乱状态，想要给出的关心变成了没有主心的各种情绪面孔。"

通过交流，岛主意识到"当在需要照顾自己时忽略自己，还想给人力量，那会对自身造成负担"。于是，在右边的图画中，她把重心放在了对自己的关注上——"在看见自己当下乱与紧的状态后，我发现我要做的事情就是照顾好自己。当我照顾好自己，那么我舒服了，世界也就安定了。"

咨询师：在左边的画里，所有的情绪似乎是从底部方正的盒子里争先恐后地出来的。盒子四周的线条也带来紧张感。右边的图画则带给人更多的平静、踏实与安宁。这次创作结束后过了两三个月，我再和岛主交流时，明显感觉她变得更安稳和坚定了。

艺术治疗在创造性的过程中通过对自我的表达来帮助创作者提高自我意识，达到治疗的效果。它将主观感受可视化、客观化，令潜意识清晰化，从而达到帮助情绪受困者调整行为的目的。由深层情绪而引发的艺术创作能提供自我的发现和洞察。艺术治疗通过外在形式的创作表达内在的情感，增加人们对自我的认知；通过对潜意识的探索，帮助人们"释放能量、获得洞察、解决问题"。通过发现埋藏在潜意识里"遗失的宝物"，让我们长成更完整的、充满爱的人。对自我的觉察和领悟需要我们对情绪进行深入的探索，而艺术治疗就是帮助我们进行探索的有效工具。

图6-5 情绪怪兽创作

附：积极情绪（积极率）自我测试

你在过去的24小时中感觉如何？回顾过去的这一天，请用下面的量表，填写你所体验到的下列每种情绪的最大量。

0=一点都没有　　　1=有一点　　　2=中等

3=很多　　　　4=非常多

1.你所感觉到的逗趣、好玩或可笑的最大程度有多少？

2.你所感觉到的生气、愤怒或懊恼的最大程度有多少？

3.你所感觉到的羞愧、屈辱或丢脸的最大程度有多少？

4.你所感觉到的敬佩、惊奇或叹为观止的最大程度有多少？

5.你所感觉到的轻蔑、藐视或鄙夷的最大程度有多少？

6.你所感觉到的反感、讨嫌或厌恶的最大程度有多少？

7.你所感觉到的尴尬、难为情或羞愧的最大程度有多少？

8.你所感觉到的感激、赞赏或感恩的最大程度有多少？

9.你所感觉到的内疚、忏悔或应受谴责的最大程度有多少？

10.你所感觉到的仇恨、不信任或怀疑的最大程度有多少？

11.你所感觉到的希望、乐观或备受鼓舞的最大程度有多少？

12.你所感觉到的激励、振奋或兴高采烈的最大程度有多少？

13.你所感觉到的兴趣、吸引注意或好奇的最大程度有多少？

14.你所感觉到的快乐、高兴或幸福的最大程度有多少？

15.你所感觉到的爱、亲密感或信任的最大程度有多少？

16.你所感觉到的自豪、自信或自我肯定的最大程度有多少？

17.你所感觉到的悲伤、消沉或不幸的最大程度有多少？

18.你所感觉到的恐惧、害怕或担心的最大程度有多少？

19.你所感觉到的宁静、满足或平和的最大程度有多少？

20.你所感觉到的压力、紧张或不堪重负的最大程度有多少？

计分步骤：

1.圈出反映积极情绪的10项，即1、4、8、11、12、13、14、15、16、19，算出总分；

2.圈出10个反映消极情绪的项目，即2、3、5、6、7、9、10、17、18、20，算出总分；

3.将你的积极情绪得分除以消极情绪得分，算出你今天的积极率。如果你今天的消极情绪数量为0，用1来代替它，以避免除数为零。

（说明：这个测试只提供一个大概的参照。每个人的情绪都随时间而变化。想要得出更准确的积极率，可以在一段时间里，进行重复的测量并加以平均。）

延伸阅读

1.《积极情绪的力量》

作者：芭芭拉·弗雷德里克森（Barbara Fredrickson）

该书介绍了积极情绪对人的正面影响，以及如何提高个体的积极情绪。

2.《心理画：摆脱精神内耗的涂鸦心理学》

作者：芭芭拉·加宁（Barbara Ganim）、苏珊·福克斯（Susan Fox）

该书具体介绍了通过对情绪的艺术表达了解个体的感受和需求等。

3.《清醒地活：开启最高版本的自己》

作者：迈尔克·A. 辛格（Michael A. Singer）

该书从正念的角度帮助个体提高对自我情绪感受以及身体的觉察，从主观、客观的角度突破自我……

4.《身心合一》

作者：肯·戴奇沃迪（Ken Dychtwald）

讲述情绪活动与心理习惯以及身体之间的关联。

第七课
生命中的爱与被爱

问题的提出

1.你期待的爱情是什么样子的？

2.你是否准备好谈一场恋爱？

3.你是否有能力处理好爱情中双方的矛盾冲突？

生命中不可或缺的主题——爱与被爱。在人生的不同阶段，爱与被爱不仅需要多视角多维度理解、审视、表达，更需要经营与呵护。爱的来源多种多样，可能是来自父母之爱，孩子之爱；也有可能来自亲友之爱，朋友之爱。

本章节将系统讲解爱情的基本理论，以及如何使用表达性疗愈媒介，了解原生家庭中的代际传递信息，读懂爱人之间爱与被爱的情感密码。

知识点

基本理论	表达性疗愈媒介	目标
爱情三元素	动物家族图	在激情、温情、责任之间看待原生家庭的成长轨迹
爱的四阶段	九宫格相处谱系 ——爱情地图	了解恋人之间相处模式
爱的五种语言		以双方恋爱中的纪念日为背景，构建一天的时间路线图
爱的五种能力		
婚姻末日四骑士	家庭会客厅 ——心目中的原风景	了解家庭生活状况

7.1

爱情三元素

著名的心理学家罗伯特·斯滕伯格（Robert J. Sternberg）提出的爱情三元素理论，该理论被广泛应用于心理学和人际关系学的领域之中。他认为，完整的爱情体系由亲密（intimacy）、激情（passion）和承诺（commitment）三元素组成。

（1）亲密（intimacy）

亲密是指情侣之间的心理距离，这是任何一段美好恋爱关系的基石。是两人之间感觉亲近、温馨的一种体验。简单说来，就是能够给人带来一种温暖的感觉体验。包括热情、理解、交流、支持、分享、包容。在这个过程中，两个人需要不断地交流、倾听和理解对方。只有通过互相了解对方的内心世界，共享彼此的生活和感受，才能建立起深厚的情感纽带。亲密关系是以婚恋双方的身体、情感和思想上的共鸣为基础。

（2）激情（passion）

是恋爱关系中代表着情感的强度和欲望的驱动力，是一种"强烈地渴望与对方结合的状态"。在恋爱过程中，激情会充满整个情感世界，带来兴奋和刺激，时常也能导致心理冲突和对自己的质疑。因此，需要恋爱双方理智化管理自己的情感和情绪，保持恰当的心理距离，用智慧让激情更加稳定和持久。性的需要，是引起激情的主导形式。

（3）承诺（commitment）

承诺是恋爱关系中最重要的一环，它包含所有与爱情相关的决定和责任，涉及双方的生活和想象，必须经过明确的同意和有效的承诺。承诺由短期的和长期的两方面组成：短期方面就是要做出爱与不爱一个人的决定；长期方面则是作出维护这一爱情关系的承诺，包括对爱情的忠诚，双方之间的责任边界等。

通过以上三个元素的分析可以得出，恋爱关系是一个相互沟通、理解和关爱的过程。如果恋爱双方能够同时拥有亲密、激情和承诺，彼此之间的信任、情感和责任显然会变得更强大、深刻和久远。相反，如果任何一个要素不够成熟、缺失，或者过度强化，都会影响恋爱关系的质量和持续时间。

斯滕伯格认为，亲密是属于情感性的，激情是属于动机性的，而承诺则是属于认知性的。

一段爱情的热度来源于激情，当激情燃过，温暖犹存，那就是亲密，当温暖被冷却，就剩下了承诺。

我们将三元素用图形表示（图7-1）：斯滕伯格的爱情理论是一个

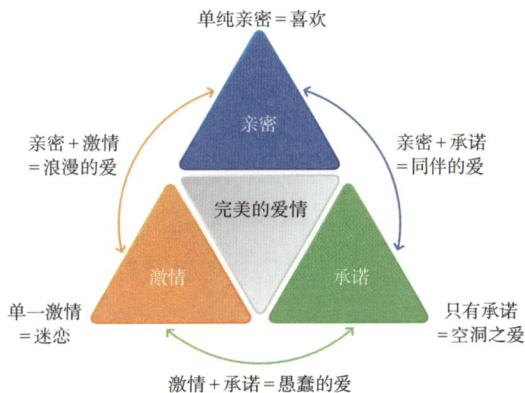

图7-1　爱情三角形理论

正三角形，理想中的爱情三角是平衡的，但是达到理想却很困难。通常情况下，爱情容易出现"纰漏"，但又让人欲罢不能。因此，想要建立一段稳定的爱情，需要双方做好用一辈子的勇气去坚持自己许下的承诺的准备。

7.2

爱的四阶段

一份成熟的爱情通常需要经历共存（codependent）、反依赖（counterdependent）、独立（independent）和共生（interdependent）四个阶段（图7-2）。

图 7-2　爱的四阶段

（1）共存（codependent）

又称热恋期，恋人不论何时何地总希望能腻在一起，相互依存、出双入对、形影不离。此时的男女双方都渴望深入了解对方，在对方身上找到自我存在感。我们通常认为，这阶段很重要的特征之一是"演"，即双方都会希望在对方面前展示最美好的一面，掩饰甚至掩藏一些缺点和不足，双方看到的都是彼此的优点，对周围环境漠不关心，此时双方都已经迷恋其中。一般来说，伴随着交往的继续，"演"的成分逐渐褪去，双方都会察觉到对方与自己心目中塑造的形象有落差，如能够接受这种落差，两个人的恋爱关系会随着交往而继续升温。如果这种差距令双方很难适应，就会造成极大的内心冲突和心理落差，表现出行为方面的冷淡和疏远，最终一方会提出结束恋爱关系。因此，在恋爱初期开始在一起时，双方满眼都是"欣赏的笑意"，两个人通常对彼此的生活习惯、个性特征都还没有完全地了解，身体上和心理上都还保持着一定的距离，而正是这种忽远忽近的距离，让两个人心生雀跃，恨不得时时刻刻都腻在一起。多数女性会渴望这种"共存期"能够在两性关系中长久存在，但事实是这只是"感情的高峰体验"，是为情感和相处奠定了一个对比参照基础。

（2）反依赖（counterdependent）

感情稳定以后，将会有一方想要有个人独立的空间和时间，多一点时间做自己的事，而另一方就会感觉受到冷落并通常会有"他（她）不那么爱我了"的质疑。因此，我们需要正确理解反依恋存在的意义：恋爱前的终极目标是希望和相爱之人走进婚姻殿堂并构建家庭，围绕婚姻中"家庭幸福的目标"，双方在事业上的追求、物质上的创造、各自原生家庭关系上的维护都需要做出努力和调整，当精力和注意力发生一些转移并不意味着"爱情变质"。当然创造物质条件和爱情保鲜的关键是婚姻双方在关系中的"独立能力"，自信度高，独立能力强的人，便能够在"反依赖期"有所调整和适应，不受到太大的情绪干扰，因此，客观认知爱情中的"反依赖期"是走进婚姻的关键。

（3）独立（independent）

该阶段是第二阶段的延续。随着关系的深入、近距离的相处和互融，两个人已经从最初的相互欣赏，到深刻地感受到"彼此在成长背景、个性特征、生活习惯等方面的差异"，同时，也看到了对方暴露出来的一些缺点和不足。"包容、理解以及携手共同成长"将是这个阶段的关系中双方要面临的重要课题。

首先，我们需要认识到的是独立不意味着"不爱"，也并不意味着"疏远"，恰当的独立，能让彼此感受到互信互赖，互相尊重。

其次，面对"差异"时的态度也决定了这个阶段的情感质量，要深刻理解，不一样的家庭背景和个性特征，"差异"才是常态，好的状态是"接纳、包容和理解差异"，把差异看作互补的因子，看作彼此成长的催化剂。

（4）共生（interdependent）

经历过前三阶段的跌宕起伏，进入新的认知阶段，彼此都认知并接纳了对方的差异，享受彼此优点的同时，也能理性看待对方的缺点和不足。对待缺点和不足，以接纳和包容的心态看待，不执着于"改变对方"，对彼此都有客观的评价体系，双方达成默契的相处之道，不会轻易地因为一句话或者某个行为而感到"患得患失"。

7.3

爱的五种语言

心理学家盖瑞·查普曼（Gary Chapman）在《爱的五种语言》为

我们列出了独特的"爱的五种语言"。这五种语言分别是：肯定的语言、服务的行为、相处的时光、身体的接触和获得礼物（图7-3）。

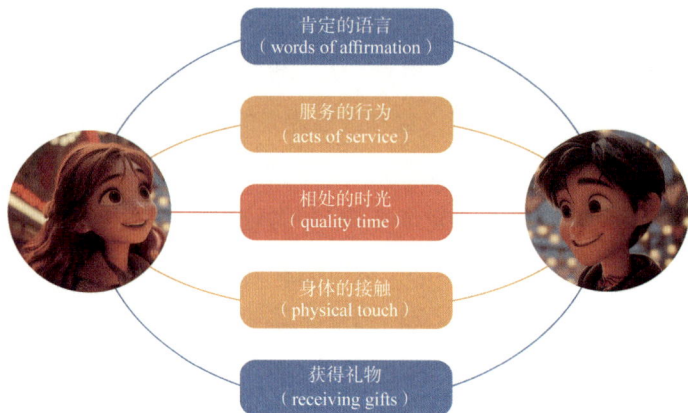

图7-3　爱的五种语言

（1）肯定的语言（words of affirmation）

言语是直接传达思想和感情的工具，真诚的夸赞直接触达人心，增强了对方被认可和存在的价值感。相处过程中，用言语来表达对对方的赞美、鼓励和肯定，以真挚的夸赞或肯定注入日常中对对方的赞美，不吝啬真诚的夸奖，避免负面和批判的话语，如"你今天看起来真好看""我真的很感激你为家庭所做的一切"等。

（2）服务的行为（acts of service）

爱的表达如果停留在语言上，显然是不够的，更需要实际的付出，爱不仅是口头上的，还体现在为对方做事，显示出付出和牺牲的意愿。观察伴侣在日常中最需要帮助的地方，主动伸出援手，避免做出被动或马虎的服务。通过实际行动来表达爱意，"行动胜于言辞"。如共同分担家务，共同面对困难，养育孩子等。

（3）相处的时光（quality time）

在最公平的时间资源中，为伴侣专门留出时间显示对方在自己心中的地位，让对方感受到被重视和爱护。与伴侣度过的、无分心的、专注的时间代表着对方的重要性和无可替代性，如定期为伴侣留出专属时光，放下手机和其他干扰，全心全意地陪伴，安排一个周末的约会、晚餐、看展或是简单的散步等。

（4）身体的接触（physical touch）

身体的接触是人与人之间最直接的连接，能够快速传递温暖和安全感，伴侣通过身体的接触来传达爱意，代表了深厚的信任和亲密。一个拥抱、亲吻或是握手，都能让他们深深感受到爱意。

（5）获得礼物（receiving gifts）

礼物作为物质象征，代表了投入和考虑的心思，也是时间、金钱和精力的代表，意味着被重视和特殊对待，礼物是爱的象征，无论大小，都能使他们感到被珍惜。通过给予和接受礼物来表达和感受爱与被爱。例如，定期为伴侣准备小礼物，注意他们提到的喜好，如生日礼物、节日礼物，或是无缘无故的小惊喜。

7.4

爱的五种能力

爱的五种能力包括爱的述情能力、爱的共情能力、爱的分辨能力、爱的允许能力、爱的影响能力（图7-4）。

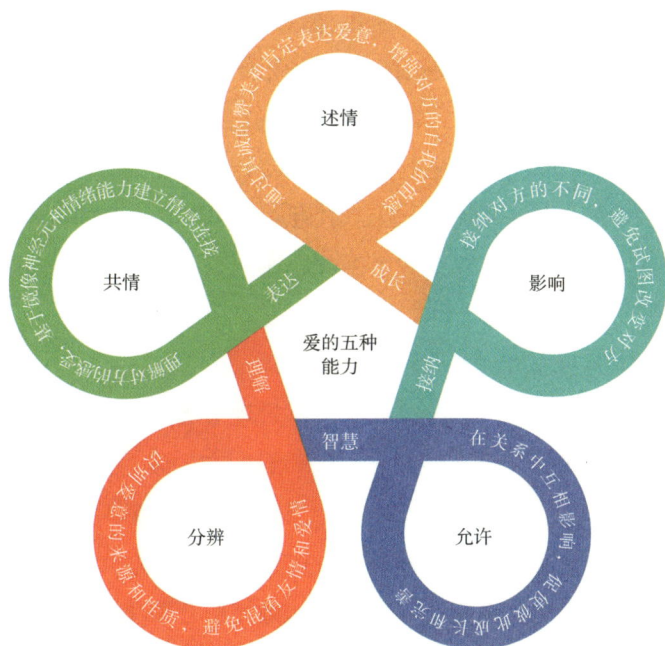

图7-4 爱的五种能力

（1）爱的述情能力

以不伤害关系的方式表达自己的需求、想法和感受。在爱情模式里，我们在表达和沟通上常犯的错误中，有的有了情绪或需求隐忍心理，不主动表达，等到忍不住后再爆发；有的用指责和抱怨的方式表达和沟通。隐忍伤害自己，指责和抱怨伤害对方。述情是情感关系里最合适的、不伤害任何人的沟通方式。在爱情里，我们要刻意学习这种能力，让爱人明白自己的想法及感受，这样爱人才懂得如何和自己相处。通过相互述情，了解对方的想法、感受（喜欢什么、不喜欢什么、希望如何、不希望如何）。了解彼此的想法和性格特点，达到默契的境界。

（2）爱的共情能力

1905年，心理学家爱德华·铁钦纳（Edward Titchener）和詹姆斯·沃德（James Ward）在德语单词Einfühlung基础上，创造了"共情"（empathy）一词。共情是指：能够把自己的感受投射到别人身上，试着去设身处地理解对方的感受。共情能力基于镜像神经元、心智理论、情绪能力三大核心理论。镜像神经元负责输入，即看到别人遭受不幸，镜像神经元被激活，产生类似的反应；情绪能力负责处理，即它激活我们内在的情绪反应，让我们从过往经历中寻找到类似的经历，产生同样的感受，比如痛苦、悲伤、愤怒等；心智理论负责输出，即对方跟我是同类，肯定跟我会有类似的感受。既然我感到痛苦/悲伤/愤怒……那么对方一定也感到痛苦/悲伤/愤怒……，我希望能消除他的负面感受，就像消除我自己的负面感受一样。因此，在亲密关系中，客观理解和建立共情，一方面，能够帮我们揭示对方在不同的场景下所可能遭遇的情境、所产生的状态和感受；另一方面，我们需要锻炼对对方的移情和感受能力，让自己的相关脑区得到更多的调动和激活。我们希望在生活中，能够做一个温暖、善良又坚定的人，既能为爱人提供能量，同时又不失自我、不过度内耗。

（3）爱的分辨能力

爱的辨别力是在关系构建过程中透过现象看本质的能力。当一份爱向你走来，你是否能分辨出是来自一般朋友的爱，还是来自异性朋友的喜欢，亦或是未来恋人的爱情。当然，爱在客观环境中也会发生变化，异性朋友之间产生了喜欢，或许会成为恋人。如何判断和把握来自不同需求的爱，并在爱的世界中，确定自己真实的亲密之爱，需要我们运用智慧去理解。

（4）爱的允许能力

"允许"是不判断事情对错，不需要把这些事情装到自己的心里去，只是允许这些事情以它本来的面目客观存在，不作抗争，臣服于宇宙和自然的规律中。爱人之间吵架，发生分歧，很多时候都是因为"不允许"所导致的，不允许对方跟自己不一样，不允许对方有些特点，不接纳真实的对方，想要控制或改变对方。这会让双方都痛苦，当我们拥有"允许"的能力，才能给对方做真实自己的机会和空间。

（5）爱的影响能力

在爱情关系里，我们会因爱发生改变。我们遇到不同的爱人也许变成不同的人，有可能越变越完整，也有可能使问题变得严重。生活的环境会对我们产生一种潜移默化的作用，我们都会受这种作用的影响，慢慢地发生变化，我们常用"近朱者赤，近墨者黑"形容周围的环境或人对我们的影响与改变，在爱情中我们让对方变得越来越完整，共同更好地成长，这就是影响的能力。

7.5

婚姻末日四骑士

婚姻末日四骑士理论来源于人际关系大师约翰·戈特曼（John Gottman）的《幸福的婚姻：男人与女人的长期相处之道》，分别是批评、辩护、鄙视和冷战（图7-5）。

| 批评 | 辩护 | 鄙视 | 冷战 |
| （criticize） | （defend） | （despise） | （cold war） |

图7-5　婚姻末日四骑士

（1）批评（criticize）

批评不是抱怨，抱怨是涉及伴侣做得不对的具体事件，而批评是对更广泛的打击，包括对伴侣很多的负面评价，比如人身攻击。恋人关系中出现问题，往往是在不知不觉、悄无声息中开始，许多伴侣开始讨论话题或冲突时，互动模式会使用戈特曼博士所称的"苛刻的方式"，即批评的方式直击对方的缺点，而忽视表达自己的感受和需要。例如，"你只关心你自己，你根本不了解我，也不关心我""你总是不打扫房间，脏袜子到处丢""你就不能少出去应酬一次，为什么总是我带孩子，你的狐朋狗友比我重要吗？""你买了多少包包了，你不知道这是浪费吗？包包能管饱？"当习惯用"你"开头，忽视用"我"开头时，我们启动了对抗批评的模式，慢慢失去了表达自己感受和需要的能力。之所以有抱怨，通常都是因为需求没有得到满足。我们抱怨是因为我们缺失了什么，所以在我们向伴侣抱怨之前，我们需要先确定我们的需求是什么，以及为什么这种情况会困扰我们。

（2）辩护（defend）

批评常常会导致第二位末日骑士的出现——辩护。在感到自己受到攻击时，我们会启动保护模式，在批评和辩护语境中的伴侣，辩护很少能够起到预期的效果，进攻的一方不会退让或道歉。因为在这个时候辩护就是让对方感到你是在责备他（她）。"你关心过谁？！除了你自己和你狐朋狗友的饭局，还有什么？你关心过我吗？""我花自己的钱，我爱怎么花都是我自己的事情，你管得着吗？看不下去了，你有本事别看啊！"。当矛盾冲突被情绪控制时，我们无法与伴侣进行正常对话，此时我们可以借用非语言的艺术疗愈技术，化解矛盾冲突。虽然这样做并不容易，可能需要大量的练习，但确为一种有效的可能。

（3）鄙视（despise）

是指伴侣一方用居高临下的态度跟另一方说话，有辱骂、挖苦、讥笑、不友善的幽默，或者带有鄙视的肢体语言。"你能处理啥？你有今天的地位，不都是我找人帮忙的吗？离开我，你什么都不是！""和你说话呢，听不见吗？还不如我们家狗狗讨我欢心"在戈特曼研究结论中，婚姻中的鄙视是离婚和分居最主要的原因。

（4）冷战（cold war）

指的是拒绝继续与伴侣对话或争吵。有时，伴侣认为避免问题或冲突比争吵更好。然而，避而不谈只会导致怨恨。一方可能会觉得被拒绝，不被爱，不被关心。另外，可能会导致关系的结束，因为冷战并没有解决分歧或困难。伴侣通常会由于被情绪淹没而选择冷战，由于难过不想回应对方，宁愿什么都不说，以免让对方更生气，或者有时是因为他们觉得无论自己说了什么，对方都不会听。事实是冷战更容易让亲密关系瓦解。

我们在愤怒时是很难组织自己的想法的，所以我们需要先花几分钟时间让自己冷静下来，在平静的状态下再去与伴侣谈论冲突问题或情况。当然，这需要大量练习，接下来的部分，我们使用艺术疗愈的技术，寻找爱情的真谛，化解亲密关系中的冲突。

7.6

艺术疗愈实践：绘画疗愈

材料：HB、2B 铅笔，24 色彩色铅笔，橡皮，A4 纸。

语句构成：事实＋感受＋期望（A：真实≥分清"事实"和"想象"，B：准确≥尽量说出具体的衡量单位，少用"从来/总是/很久"这样绝对的词）。

话术的基本要求：要事实，不要想象。什么是事实？（A：客观存在的——一个动作/声音/场景/一件事的经过/一个结果，B：可具体衡量的——经过的时间/钱的数量/经过验证的别人的想法和感受）。

7.6.1　动物家庭画

动物家庭画测验（animal family drawing，AFD），是伯姆·格拉泽（Berm Graser）在 1967 年开发的一种绘画诊断方法，通过让来访者将家庭成员用动物的形式表现出来，从而能够了解其家庭成员的性格特征以及家庭成员间的活跃性，其理论依据来源于荣格认为在梦中或者绘画中出现的动物，都是象征着潜意识的自我内心表现，所以他将动物的象征称作为"潜意识中的自我"。

本书将动物家庭画运用于亲密关系构建的团体活动之中，针对参与者绘画投射，能够很好地反映出潜意识中的家庭模式。把握家庭成员结构、人物性格特征，以及家庭成员间的活跃性，有效地避免在共生期语言上的"表演"特质，真实有效地了解各自原生家庭的互动模式。

导语：

请轻轻闭上双眼，做几次深呼吸，想象阳光笼罩住我们全身，温柔地抱持着我们，感受胸腔的起伏，并将注意力集中在身体上，让这种感受持续 3 分钟以上，同时，让思绪放飞到你熟知的家庭生活中，感知你以及家庭成员所肩负的角色与责任，直至你感觉到家庭成员与你建立了联结。

现在想象一下，如果这种感觉是一幅由不同动物组成的图画，自己的家庭成员都像什么动物，想象这个动物可以是真实的，也可以是虚拟的，它会是什么样子？使用什么颜色、形状或形态能够更好地将其表现出来？想办法让你的心态平和且充满力量，感受有某种图画、图形、符号或灵感浮现出来。当你知道自己的感觉是什么样子时，睁开双眼并把它画下来。

注意不要临摹，不用在意画得是否好看，尽量自己思考动物的样子。你可以选用HB或2B的铅笔，你可以用彩色铅笔装饰你的作品。

绘画时长15分钟。

讨论时长20分钟。

小组中分享各自的作品，小组成员也可以向作者提问。

分享内容须包含但不仅限：人物关系、性格特点、作品中最满意和最不满意的内容是什么，以及整幅作品表现出的特质是什么。

7.6.2　爱情地图

爱情地图的概念源于《幸福的婚姻》一书，这张地图并不是我们平常所见到的五彩斑斓的图形，而是探究一系列问题并勾勒出亲密关系中双方爱情观、价值观、人生观的画面。根据这一理论，本小节我们将系列问题转化为一张真实的地图，用线条、色彩、图形探究双方的三观，绘制一张恋人间情感交流的独特画卷。

导语：

请轻轻闭上双眼，做几次深呼吸，感受胸腔的起伏，并将注意力集中在身体上，让这种感受持续3分钟以上，同时，让思绪放飞到你和恋人在一起的场景，直至你感觉到她（他）与你建立了联结。想象你和她（他）之间的喜悦、幸福、甜蜜、悲伤、愤怒、无奈等各种在你情绪中留下的记忆，并将这些记忆用画面表示出来。

请任意选择二张画有九宫格的A4纸（图7-6），第一幅作品：《难

5	6	7
4	1	8
3	2	9

5	4	3
6	9	2
7	8	1

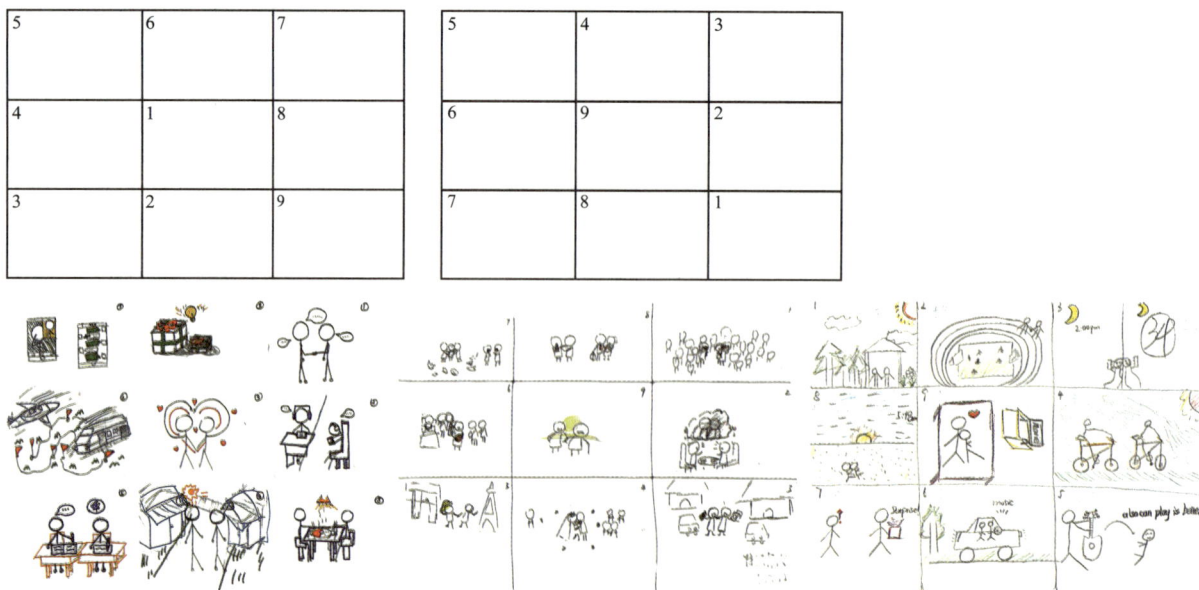

图7-6　画有九宫格的A4纸

忘的一天》，以双方恋爱中的纪念日为背景，构建一天的时间路线图；第二幅作品：《我与她（他）》，以我喜欢……我担心……我希望……我努力……我担忧……我害怕……我愤怒……我……为主题，画满九宫格。

绘画时长20分钟。

讨论时长30分钟。

小组中分享各自的作品，小组成员也可以向作者提问。分享中需要突出"事实＋感受＋期望""为什么难忘？会产生什么影响？有什么意义？"

7.6.3　家庭客厅图——心目中的生活原风景

原风景是指人们幼年时期遇到过的印象深刻的风景，是人们在某个地域长期生活过程中意识里形成的对这个地域永恒性的定影景象。这种定影景象包括生活风景、自然风光、建筑物、气候、风俗等多个方面的场景图。

社会心理学学者认为：原风景是构建人类心理安全的重要组成部分，人们在原风景空间中，构建出自身熟悉的心理空间，在这空间中，人们甚至可以还原各自初始的生活状态，找到心理的释放空间。不同的人对景观的偏好程度，取决于对于这一景观的态度。而态度是社会心理学研究中的一个重要课题。态度指的是人们对行为主观心理的准备状态。心理学家罗森伯格（S. Rosenberg）和卡尔·霍夫兰（C.I.4 Hovland）曾提出：态度是由认知因素（个体对于外界事物的某种心理印象）、情感因素（个体对于某一事物的评价）、行为倾向因素（个体对外界事物预备采取的反应或者行动倾向）三种成分组成（即态度三要素）。态度的认知因素是指人作为态度的主体，对于一定态度对象或态度客体的知识、观念、意象或概念，以及在此基础上形成的具有倾向性的思维方式。态度的认知因素、情感因素、行为倾向因素三者密切联系，相互交织。在亲密关系构建过程中，我们将原风景概念植入家庭客厅图，分别以原生家庭和核心家庭（或者未来家庭）的客厅图作为媒介，引导来访者讨论双方的认知、情感、行为的交互模式。

导语：

请分别在两张A4纸上画出原生家庭和核心家庭（未婚的来访者可以画未来家庭）的客厅图，尽可能真实还原真实场景。

讨论分享话术：

在这个空间，我感觉……我知道自己……/我也很……（自己的心情、状态）/我做了什么行动……

在这个空间，我经常使用……我会……它带给我（感受）……

在这个空间，我经常和（谁）做什么事情，他/她对我……影响

在这个空间，我最难忘的场景是……以致我现在想起来都……

在这个空间，我希望和我的爱人共同……

延伸阅读

1.《爱的艺术》

作者：艾瑞克·弗洛姆（Erich Fromm）

这本书要说服读者：如果不努力发展自己的全部人格并以此达到一种创造倾向性，那么每种爱都会失败。如果没有爱他人的能力，如果不能真正谦恭地、勇敢地、真诚地和有纪律地爱他人，那么人们在自己的爱情生活中永远也得不到满足。每个人都可以问问自己，你见过多少真正有能力爱的人呢？

2.《亲密关系》

作者：罗兰·米勒（Rowland S. Miller）

爱情是人类情感中最美妙的一种体验，古今中外关于爱情的伟大文学作品有许多，但从心理学角度对两性关系进行科学而系统总结的专著尚为数不多。罗兰·米勒是在个人及团体教练的领域上有近三十年经验的国际演说家、生命教练和咨商师。他的教学遍及中国、日本、马来西亚、新加坡、美国、加拿大。近三十年来他的研究注重于人际关系与亲密关系的动力，教学内容综合了先进的心理与灵性成长的根本原则与体验，他的工作启发了各行各业以及不同年龄和背景的人。他运用广泛的经验，帮助个体以直觉来引导行动，发现他们自己要找的答案，并体验到活在顺流之中的轻盈，进而达到更好的生活水平。他所创造出的独特的体验性方法，使理论与生活无缝结合。无以数计的体验过他的工作坊和课程的人，都对他的慈悲和幽默备感欣赏，他的工作更受到了那些被他的真实和知觉性所感动的人深深的赞赏和感激。

3.《幸福的婚姻》

作者：约翰·戈特曼（John Gottman）

无论在婚姻、亲子领域，还是在商业职场中，戈特曼带给人际关系研究的变革是划时代的。在厚黑与潜规则盛行的当下，戈

特曼更具科学性的研究让人与人之间的关系回归到最真挚且有效的沟通。在人际关系领域长达40年的深耕，成绩斐然、著作等身，其建构的人际关系模型是心理学领域少有其建构的人际关系模型是心理学领域少有的可预测性数理模型。2007年，美国具有相当权威性的刊物《美国心理治疗网络》及《美国心理学家》杂志评出20世纪最后25年间美国心理治疗师眼中10位最具影响力的心理治疗大师，同时收获了美国家庭治疗领域的所有专业大奖，4次荣获美国心理健康研究院科学研究者奖章，并获美国婚姻与家庭治疗协会杰出科学研究者奖。

4.《如何让你爱的人爱上你》

作者：莉尔·朗兹（Leil Lowndes）

该书以坚实的科学研究为基础，通过真实生动的个案，对男女两性在情爱观念与行为上的差异进行了深入且饶有趣味的分析。

5.《爱是一种选择》

作者：美国心理学家汉姆菲特（Dr. Robert Hemfelt）

该书旨在帮助读者认识并摆脱不健康的人际关系，特别是针对"拖累症"这一心理现象进行深入探讨。详细阐述了拖累症的成因、运作方式、危害性，并提供了从拖累症中康复的方法和步骤。拖累症是指个体对人、行为或事物的过度沉溺，希望通过控制外在的人、事、物来控制内心的情感，从而导致自我价值的丧失和人际关系的扭曲。书中强调，爱是一种自由的选择，而不是强迫的义务。作者通过丰富的案例和深入的分析，帮助读者认识到拖累症的种种表现，如过度承担他人的责任、对他人问题的过度反应、自我价值的丧失等，并提供了具体的康复策略和技巧。

第八课
生命的自由与喜悦

问题的提出

1.如何定义生命中的"自由"与"喜悦"，它们对你来说意味着什么？

2.在追求"自由"或"喜悦"的过程中，你遇到过哪些阻碍？你是如何克服的？

3.如何在日常生活中培养和实践自由与喜悦的心态？

为了对上面的问题有所思考与启发，我们本章节将一起讨论生命中的自由与喜悦。

知识点

基本理论	表达性疗愈媒介	目标
关于幸福的PERMA理论 P=积极情绪（positive emotions） E=投入（engagement） R=人际关系（relationships） M=意义（meaning） A=成就（achievements）	"收集生活中的'小确幸'"艺术疗愈工作坊 媒介：综合材料创作	1.认知目标：学生认识到幸福事件是存在于生活中的，"小确幸"更是时刻在发生，我们需要有主动发现的眼光 2.情感目标：激发学生品味和体会幸福事件的主动性，以"小确幸"提高对日常生活的幸福感体验 3.技能目标：学生学会从自身角度出发，更多关注幸福事件，体验幸福事件，分享幸福事件
	"与焦虑和解，拥抱'心流'的当下"艺术疗愈体验工作坊 媒介：绘画、即兴戏剧、自由书写	1.认知层面：认识到适度焦虑是有益的，焦虑是普遍存在的正常反应 2.情感层面：觉察到现阶段自己的焦虑水平，愿意尝试去接纳焦虑 3.技能层面：在认清现状、接纳现状的基础上，采取适当的行动，化焦虑为行动
	"叩问生命的意义"艺术疗愈体验练习 媒介：绘画、自由书写	用绘画与涂鸦的方式投射出潜意识中关于"生命"的深层次渴望以及用书写的方式对"生命的意义"进行探索与思考
	手作＆书写	制作羊毛毡像极了人生中"升级打怪"的复盘，亦是不断积累的过程，用自己创作的人物讲述英雄之旅的故事，体会成就感与使命的召唤

8.1

关于幸福的PERMA理论

幸福是什么？每个人会有不同的答案，但是，每个人都会同意，幸福是一种发于心的美好感受，一种快乐的人生状态。积极心理学之父马丁·塞利格曼（Martin E. P. Seligman）在《持续的幸福》一书中提出了关于幸福的PERMA理论，这五个要素分别为（图8-1）：

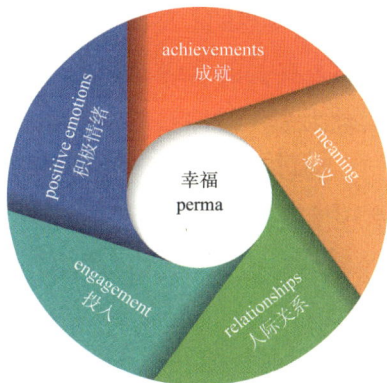

图8-1　PERMA理论五要素

P=积极情绪（positive emotions）；E=投入（engagement）；R=人际关系（relationships）；M=意义（meaning）；A=成就（achievements）。

在日常与大学生的交往中，常能"听到"和"看到"到一些他们"不开心"的时刻。比如，他们会有这样常见的口语表达："躺不平，摆不烂，卷不动。"有的同学没能及时调整心态，就会陷入消极情绪中，而消极情绪是极具传染性的，会让人意志消沉，对什么事情都提不起兴趣，长时间地"陷入"犹如黑色漩涡，影响大学生的身心健康。因此消极情绪需要精准及时地消除和疏解。

幸福是一种感受，更是一种驾驭能力，可以通过个体的努力去创造和获得幸福。情绪ABC理论❶告诉我们，决定个人感受好坏的关键并不在事件本身，而在于个体对事件的诠释方式。因此想要获得持久的幸福感，我们需要做的是认识和改变个体对于事件的诠释方式，我们要培养和提升让自己获得幸福的能力。将积极的心态投入生活中，幸福感就存在于我们生活中的每一个瞬间，那些放不下的过去、抓不住的现在和看不到的未来，都是阻止我们获得幸福的不良心态。我们需要以积极的心态去面对生活中的人和事，有意识地抓住生活中美好

---

❶ 情绪ABC理论是由美国心理学家阿尔伯特·艾利斯提出的。该理论认为，人们的情绪和行为反应（C，consequence）不是直接由激发事件（A，activating event）引起的，而是由个体对激发事件的认知和评价所产生的信念（B，belief）决定的。也就是说，不同的信念（B）会导致人们对同一激发事件（A）产生不同的情绪和行为后果（C）。该理论强调了人们的认知和信念在情绪产生中的关键作用，帮助人们认识到可以通过改变自己的信念和思维方式来调整情绪和行为，对改善情绪管理、应对压力和解决心理问题等方面具有重要的启示和应用价值。

的时刻，善于发现美和感受美，就能更幸福。当决定做一件事时，如果能全身心投入，那么这件事带来的充实和愉悦感也是完全不同的。当学习和生活充溢着越来越多的"心流状态"，整个生命状态也将呈现出做的每一步都在实现心中梦想的心流状态。

人类很多与积极向上有关的情绪、感受、判断等，都是从行动中产生的。比如人们最为头疼的抑郁情绪的一个症状就是"心理反刍（rumination）"。举个具体的例子，曾经有个学生极度害怕在大课上发言，害怕到什么程度呢？就是每一次在有随机点名发言的课上，他会在老师还没有点名，其他人都聚精会神听讲的时候，就默默在心里祈祷：千万别点我，千万别点我（事实上，科学研究表明，人们最害怕的事情就是"在别人面前讲话"，这比"害怕死亡"的比例都要高得多）。不仅仅在课堂上，在平日的生活中，一想到课上的随机点名发言，他也会陷入这种"不要发生"和"发生了怎么办"的反复思虑当中。心理反刍就是一种以自我为中心、以过去为主导、集中于负面内容，而且很容易陷入恶性循环的心理与情绪状态。这些负面的心理导致了太多负面情绪的产生，进而又会让人失去基本的行动能力与客观正确的判断力，陷入更多的心理反刍中，从而造成恶性循环。而行动是克服心理反刍特别有效的一种方法，无论是体育运动，还是工作，或者做义工、帮助别人，都能有效缓解这种症状。就像耐克的广告语一样："Just do it！"。

要将幸福感提升到理想水平，就要关注PERMA五要素的各个组成部分如何被触发，并且注意你可以创造哪些最佳的条件以追求目标、滋生热情以及培育坚毅的品质去应对逆境。积极的心态要配合积极的行动，当想法转化成行动在生活中落地"不积跬步，无以至千里"，这每一步看似微小的实现，都将成为每个人的生命成长"力量感"的累积。下面我们将一起踏上关于自由与喜悦的五段旅程，在旅程中，体悟自由与喜悦。

8.1.1 积极情绪：在生命历程中，不断累积积极情绪体验

积极情绪（positive emotions）有助于幸福感获得，或者说积极的情绪会直接影响幸福感和生活满意度。但要注意的是，生活满意度只是幸福中的一个元素而已，并不是全部。情绪和动机推动我们去追求结果，二者进一步调动我们的积极性，一个人工作时有积极的情绪才

能有良好的工作效果。芭芭拉·弗雷德里克森是积极心理学研究领域的杰出研究者之一。她提出了简单问题"积极情绪有什么好处？"她在一项已经获奖的研究中发现，当人们体验积极情绪时，如愉悦、满足、敬畏、自豪、爱等，会发生很多有利于人类这个物种延续下去的事情，包括这样一个事实：我们扩展了对自身环境的认知，对别人更感到好奇，这反过来有助于构建人际关系（图8-2）。

图 8-2　积极情绪

　　幸福的"微小时刻"，例如，停车找到合适停车位时我们感受到的快乐；由于某种令人兴奋的经历而感到敬畏；孩子平生第一次做好了某件事情时父母内心充满了自豪感；或者当我们尽最大的努力使得某件重要事情得以发生时的成就感等累加在一起，创造了一系列的积极性。

　　弗雷德里克森和其他研究者发现，若是我们体验到的积极情绪是消极情绪的五倍之多，那我们的人生将有更大的可能变得丰富多彩、积极主动、心怀使命，并且激情澎湃。

　　做到这一点，可以采用两种方式：要么通过你的行动与思考来刻意地创造积极情绪和微小的积极时刻，要么在美好的事情正在发生时让自己停下脚步并注意到它们的发生。同时，出现负面情绪时，要学会尽快走出来，积极勇敢地去面对各种可能出现的意外和困难。感觉不幸福的人和感觉幸福的人一样，身边都有许多积极的事情发生，但两者的差别是，幸福的人有意识地在美好事情发生时欢迎这些时刻，不让它们匆匆溜走。

8.1.2　投入：安住当下，不断拥抱"心流体验"

　　投入（engagement），快乐的人们会投入生活的各种活动中去，并且不会像不快乐的人那样经常感到厌倦或沮丧。他们通常参与某些艰难的、自己感兴趣的事情，这使得他们进入一种"心流"的状态，觉得时间仿佛停止了。

无论什么时候，只要我们在做某件事情时没有注意到身边发生了什么，或者我们觉得时光飞逝，以至于我们不相信一整天很快就过完了，那么，我们便是在做积极的事情，有助于提升我们的幸福感，同时使我们自己变得更好。

我们感受到日子飞快掠过的地方通常是校园，因为在大学阶段，大部分人要花大量的时间学习，如果你没有全身心地投入自己的学习中，这种情况可能会把你拖垮。许多学生并没有把心思放在学业上，这预示着学习效率低下、情绪低落、专业度低，无法适配社会工作等现象。此时我们需要规划我们的目标、个人能力建设和行动方案制定，当我们可以更直接地在学业和工作中运用最重要的优势时，便会体验到更强的投入感。

8.1.3　人际关系：拥抱关系，用"关系"为生命成长赋能

人际关系（relationships），积极人际关系都伴随着积极情绪、意义或成就。对良好人际关系的追求是人类幸福的基石，积极的人际关系是实现蓬勃人生的重要元素。良好的人际关系无疑是生活和工作快乐的源泉之一，要用良好的心态去面对生活和工作中的人和事，积极创造良好的家庭关系、工作关系、朋友关系。其实人与人的相处可以是很简单的，人的力量来自社会关系的赋能。

数十年来负责哈佛格兰特研究的医学博士乔治·维兰特（George Volant）发现，生命后半段中，在情感上蓬勃发展的人，会在生活中与家人和朋友构建并保持积极的关系。因此，维兰特总结道："幸福就是爱"。坚毅的人们保持热情并坚持不懈，他们可以在自己身边建立具有合作精神的团队，他们不仅接受其他人的支持，也乐于支持和帮助其他人。

8.1.4　意义：叩问生命的意义，活出生命的意义感

意义（meaning），幸福的人们不只是生活得快乐或者积极投入生活，他们还觉得人生有意义，并且怀着让世界变得更美好的更高

目标。人生的意义有很多种形式，它可能来自对自己孩子的爱、为他人突破障碍、拥有一项他人急需的技能并为他人服务，或者是给他人带去希望。每个人要有自己的信仰，有目标，才有奋斗的动力。对投入的追求往往是孤独、以自我为中心的，但每个人都要追寻自己的人生意义和目标。"有意义的人生"意味着归属和致力于某些超越自我的东西，并能在这一过程中寻找到乐趣与自身的价值。每一个人所期望的人生意义都不尽相同，但共同点都是一致的：一直朝着自己的理想和目标在努力奋斗，不管最终成功与否、收获多少，人生便有了意义。人生的意义在于树立自己的信念、理想与目标，做自己喜欢做的事情，通过自我的努力和奋斗，用有限的生命去检验自己的人生价值。

8.1.5　成就：不断营造成就感，收获当下圆满

成就（achievements），人生的意义在于追逐各种成就，其短暂的形式是工作、家庭与生活中的"小成就"，长期的形式就是"成就的人生"，即把成就作为终极追求的人生。追求成就人生的人们，经常会完全投入工作中，努力奋斗，拼搏进取。培养成就的方法有三种：第一，为自己设定次级目标。大的目标可能需要更长的时间才能实现，为保持动力，给自己设定一系列小的目标作为路标，作为迈向大目标的垫脚石；第二，制定SMART目标：即具体的、可衡量的、可实现的、相关的、时间明确的目标；第三，融入个人的价值观。如果目标与价值观联系统一，就更有可能实现目标。

当品味自己的成就时，要思考哪些价值观才是让自己脱颖而出的真正强大动力。失败是通向成功的必经之路，保持积极的心态，把失败视为学习过程的一部分，但不能让失败定义、削弱我们的动力和毅力。研究发现，人们希望做些事情，而不是什么事都不做，对此，自我决定理论指出，想要实现成功，必须让人们感觉自己能够游刃有余地掌控身边的环境。

然而，并非所有成就都能带给人们幸福。追求一些体现了肤浅渴望的外在目标（比如金钱和名誉），或者以别人梦想的目标为自己的追求，并不会给人们带来满足的成就感或幸福感。研究还发现，最幸福的人们每天醒来后都致力于实现明确而艰难的目标，这些目标超出了他们的舒适区，不会获得最佳的成果，而且可以带来最高水平的自尊和自我效能感。

8.2

艺术疗愈实践：基于"PERMA"五要素设计的艺术疗愈工作坊

8.2.1 艺术疗愈工作坊——收集生活中的"小确幸"

（1）活动理念和背景

"品味"是积极心理学的一个研究视角，是指人们引发、欣赏和增强积极体验的能力，以及以这种能力为基础的加工过程。它能够增强或延长个体的积极体验。具体而言，主动用心地感受积极体验正是品味的核心内容。"小确幸"指生活中微小但确定的、稍纵即逝的幸福体验。由于课业内容繁重，就业考研等竞争压力，大学生时有抱怨，会有如"最近很丧""没有什么值得开心快乐的事情""要卷死了"之类的想法。本节课将品味概念融入课堂，用"快乐就是幸福"作为主观幸福感的主要命题，以活动、体验的方式引导学生关注积极体验和积极事件，提高学生对于"小确幸"的关注和捕捉能力，以小见大，从点滴的幸福感逐渐累积，助力大学生活出积极饱满的生命状态。

（2）活动目标

①认知目标：学生认识到幸福事件是存在于生活中的，"小确幸"更是时刻在发生，我们需要有主动发现的眼光。

②情感目标：激发学生品味和体会幸福事件的主动性，以"小确幸"提高对日常生活的幸福感体验。

③技能目标：学生学会从自身角度出发，更多关注幸福事件，体验幸福事件，分享幸福事件。

（3）活动重点、难点与艺术媒介

①重点：明白幸福可以是生活中微小而确定的小事件，能将自身的关注点放在"小确幸"上。

②难点：接纳"小确幸"的观点，激发学生主动地关注幸福、体验幸福、分享幸福。

③艺术媒介：综合材料。需准备各种罐子、纸盒子、玻璃罐、塑料瓶子、废旧报纸、杂志封面、彩色手工纸张、橡皮泥、黏土、泡沫球、毛线、可粘贴闪亮装饰等，材料越多元越好。

"综合材料"艺术在西方已是一种常见的艺术形式，它是采用混合材料，如：各种油性颜料、水性颜料、染料、矿物色、泥土、玻璃、

钢铁、化学试剂等，各种材料都可以在绘画中运用。

综合材料绘画（composite painting），也称非传统材料作画，是用于界定现代绘画中那些非传统材料的绘画作品。比如画面上粘贴报纸、麻袋、金属，然后用颜料作画，还有一些绘画技术和装置技术结合但是偏静态绘画的，不一而足（图8-3）。

图8-3　综合媒材

当我们回归到综合材料绘画，再来看"综合材料"这个词就拨云见日了，演变至今天，综合材料已不仅仅是一种艺术形式，由于媒介材料的自由多变和技法风格的复杂、新颖，它已渐渐发展成为一种艺术思维。综合材料绘画并不是一个画种，是艺术家将材料作为媒介运用于绘画当中，挖掘材料的特殊性，让画面具有特殊的肌理、纹理，从而打破传统绘画的造型方法及形式语言。

选用综合材料作为艺术疗愈的媒介，让绘画的创作思维可以利用材料的丰富性进行画面的探索与表达，用材料的丰富性来多元联结参与者生活体验的多面性。尤其没有多少艺术体验经历的体验者，可能对水彩、油画棒等单一媒材有距离感，但对于麻袋、麻绳、报纸等来自日常生活的材料可能更有感觉，以便于与自己的经历与生活做联结，而用自己"有感觉"的媒材来进行艺术疗愈的创作让艺术疗愈的活动更加的生动和生活化。

（4）活动流程

热身活动——"幸福不幸福"。

规则：学生按照"××（），××（）"的节奏打拍子，中间三个空分别是指定同学的名字、幸福或者不幸福的回答、原因解释。由回答完的同学指定下一名同学，七轮不出错即为挑战成功。（设计意图：以学生感受引入，用互动游戏热身，调动学生的参与度和注意力，激发兴趣；通过同理表达引导学生关注自身感受的偏向性，引发思考。）

例如：

学生1：不幸福，要考试了，还有好多内容没复习。

学生2：幸福，要放假了。

学生3：不幸福，月底没钱了。

引导语：同学们完成得非常好，老师注意到，当有的同学说不幸福的时候，另外的同学也在跟着点头和深以为然，其实，我们感受不好的时刻都是存在的，每个人都有这样的时刻，但今天，我们要把视角放在让我们感到幸福的时刻，也许它早就化成一件件小事，散落在周围，今天让我们一起用心地发现一下。

①画出你的小确幸。

指导语：村上春树在他的随笔集里提到了"小确幸"一词——指生活中微小但真实存在的幸福，刚才同学们应该也或多或少受到他人事件的启发，现在让我们关注自身，找找自己的小确幸吧。六人一个小组完成此项任务。

教师播放舒缓的音乐，每个同学一张A4纸，把A4纸折成四宫格，每个学生在纸上画出至少四条一个月内感受到的小确幸事件。

每人写毕，小组内六人分享每个人的"小确幸"故事。

②能量叠加，制作精美小确幸收集罐。

指导语：听了很多不一样的小确幸，无限丰富了我们的可能性。之后，请大家来装饰自己的小确幸收集罐（可是实体的罐子，同学们用多种材料装饰，如没有综合材料，也可以发放白纸，让同学们自己画出罐子，然后装饰）。这时候，我们的罐子里装的不仅仅是我们的小确幸，小组同学的小确幸也可以被装入其中，在之后的生活中，我们可以试着去感受"别人的小确幸"，来看看我们是否有同样喜乐的感觉。将学生的关注中心转到自己的生活，积极主动地寻找小确幸事件。通过小组共创方式，让学生能够主动表达并被看到，体会分享的快乐，同时也扩大同学们的幸福事件"储备箱"。

③能量继续升级，在大团体中寻找"小确幸"。

回到班级大团体，每个小组分享一到两个，大家觉得特别的"小确幸"事件，让小确幸的能量继续升级到班级，大家可以边听边把其他可能的小确幸装饰进自己的"罐子。"

④结束与升华。

把大家的作品像做画展与艺术品陈列一样展示，大家互相欣赏小确幸罐子作品（图8-4）。

老师升华引导：我对某部动漫里的一句话印象深刻：每一天平凡的日常，都是由无数的奇迹汇聚而成。生活里当然会有像太阳一样明亮炙热的"大幸福"，但更多的，却是挂在天上一闪一闪的、星星般的"小确幸"。就像同学们画的那样，它只是一件件小事而已。希望同学们通过今天的体验，能更多地去关注幸福时刻，感受幸福时刻，分享幸福时刻，让幸福这件小事再停留久一些，以小小的幸福感，不断累积，活出幸福感满满的人生。

手拉手在温馨的彼此祝福中结束。

（5）作业布置

指导语：我们的课程接近尾声，但寻找幸福没有尽头。请同学们在接下来的七天内感知自己的至少七件幸福小事，并分享给四位同学，让幸福感在分享中传递。（设计意图：通过"作业"的方式，延续学生在课堂中产生的幸福感，让课程更好地服务于生活。）

对幸福感的体验是我们探寻生命意义过程中不可缺少的一环，可以成为我们人生中更好的前进动力。在后续课程中，如何引导学生通过获取幸福感而让自己变得更好，是可以思考并尝试的课题。

8.2.2 艺术疗愈体验工作坊——与焦虑和解，拥抱"心流"的当下

（1）活动背景与目标

对于大学生来说，考研、考公、专业课结课的考试都是重要考验和挑战，很多学生在考前都会感觉到焦虑、紧张、担心和不知所措。以往的考前心理辅导多采用心理讲座的形式，或开展一些团体心理放松活动，但往往因为内容枯燥、形式陈旧，效果并不理想。本次活动，尝试使用即兴戏剧，让学生在体验式、轻松有趣的活动中缓解焦虑、获得感悟。实践证明，此形式深受学生喜爱，效果良好。

①认知层面：认识到适度焦虑是有益的，焦虑是普遍存在的正常

图8-4 小确幸收集罐

反应。

②情感层面：觉察到现阶段自己的焦虑水平，愿意尝试去接纳焦虑。

③行为层面：在认清现状、接纳现状的基础上，采取适当的行动，化焦虑为行动。

（2）活动方法

①即兴戏剧：即兴戏剧，一种无须事先准备剧本，无事先商议，演员们即兴创造角色、台词和故事的表达艺术，无论是否为表演科班出身，均可习得（图8-5）。因为生活每刻本是即兴，我们都是演员，"即兴表演"是本能，所以即兴戏剧也是一种体验式的学习方式，对个人的多元思维发展具有积极影响。其中"YES AND"为即兴戏剧训练的精髓。

图 8-5　YES AND 即兴戏剧

YES AND ，"YES"意味着接受。在即兴戏剧的世界里，一切夸张荒谬的设定都是被认可的。"AND"则意味着演员可以在原有设定的思路上增加和扩展任何设定，使故事和场景得以自圆其说并继续延伸下去，这意味着演员之间需要根据现场的情况相互支持配合。

比如当舞台上的演员提示另一位演员："你正准备从这个悬崖跳下去"，那么对方就可以说"对的，然后我用滑翔伞（气球）飞起来了"。而不会说："不，这样我就摔死了"。YES AND 的规则，正是即兴戏剧多年来永葆生命力的基石。

②自由书写：自由书写，就是用自由的文字写下自己联想的内容。自由书写的时候，我们不需要字斟句酌，不需要修改，想到哪里写到哪里。自由书写就是通过一支笔、一张纸，快速地、不加评判地记录

下自己脑海里面出现的所有画面、场景、语言、心理，最终把它们转变成纸面上的文字。自由书写是精神分析治疗的开山鼻祖弗洛伊德发现并使用的一种方法。弗洛伊德在心理治疗中，让他的治疗对象说出自己自由联想的内容，然后针对这些内容，与之进行专业的交谈，帮助治疗对象发现其思维模式，了解其内在潜意识，最终解决心理困惑。

（3）活动准备

彩纸、彩笔和轻柔的音乐。

（4）活动流程

①团体暖身阶段：抓手指。

指导语：同学们，我们来玩一个小游戏，请每位同学伸出右手食指，放在右边同学的左手手掌中，依次连接，形成一个圈。老师拍手，当拍手声音停止时，每位同学的右手食指要快速逃出右边同学的左手手掌，同时，用你的左手手掌去抓左边同学的右手食指。

学生活动。

教师提问：同学们，你们在刚才的活动中有什么感受？

学生回答：开心、紧张……

②即兴戏剧活动：创意"心流"时刻。

指导语：我们先简单了解一下即兴戏剧 YES AND 的玩儿法，"YES"意味着接受，在即兴戏剧的世界里，一切夸张荒谬的设定都是被认可的。"AND"则意味着演员可以在原有设定的思路上增加和扩展任何设定，使故事和场景得以自圆其说并继续延伸下去。这意味着演员之间需要根据现场的情况相互支持配合。比如当舞台上的演员提示另一位演员："你正准备从这个悬崖跳下去"，那么对方就可以说"对的，然后我用滑翔伞（气球）飞起来了"，而不会说："不，这样我就摔死了"。YES AND 的规则，正是即兴戏剧多年来永葆生命力的基石。

③随机出题，大家练习找找感觉。

指导语：看来大家已经掌握了即兴戏剧的精神，我们再来体验另一个即兴戏剧活动——创意"心流"时刻。我需要五位志愿者做一个演示（邀请五名学生上台）。

一位同学扮演"大树"，做出大树的样子并说"我是一棵树"；接着，第二位同学上来扮演与大树相关的另一个物体，如"树叶"，做出树叶的样子，同时说"我是大树上的一片叶子"；第三位同学上台，在接纳现有画面（SAY YES）的基础上做添加（AND ON）。例如，扮演蝴蝶，做出蝴蝶的动作（如围着树转圈），并说"我是大树旁的蝴蝶"。

以此类推，直到五名同学都上来为止。

教师问扮演"大树"的学生："在其他四个角色中，你想留下哪一个？""大树"作出选择，如"留下蝴蝶"，其余四名学生，包括"大树"都下台，只留"蝴蝶"在舞台上。随后，四名学生重复之前的过程：一位学生上台，扮演与"蝴蝶"相关的物品，例如"花"，做出花的动作，并说"我是被蝴蝶吸食了蜜的花"，其他学生依次上台，组成新的"创意"画面。

此过程可视现场环境重复适当的轮次。学生在理解了规则后，尝试若干轮，教师在旁指导。

教师提问：同学们，在刚才的活动中，大家感觉怎么样？

学生回答：有意思、好玩、有趣；刚开始不知道演什么，没有想法，之后创意越来越多……

教师总结：同学们，我们体验的活动都需要我们用到"YES AND"：对他人说"YES"，对周围环境说"YES"，然后把自己的想法加进去，即"AND ON"，这就是即兴戏剧的智慧。大家围圈，从你的角度分享一下，这个 YES AND 的智慧在哪里？对你的学习与工作有哪些启示（设计意图——学生理解行动的意义，化焦虑、空想为实际行动）。

下面，我们进行最后一个活动，对即将到来的考试，你要怎样说"YES"，并且做哪些"AND ON"？也许你需要说"YES"的是不如人意的成绩、求之不得的目标，或是不佳的心态等。我们在认清现状、接纳现状的基础上，做出力所能及的行动，这要远比在焦虑、不安中惶惶不可终日更好。

学生使用提前准备好的彩纸、彩笔，在轻柔的音乐中，自由书写下对即将考试的"YES AND"。

④结束与升华。

指导语：现在，请同学们再次评估自己此刻面对考试的"焦虑水平"，以0~10的分数评分。

学生评分、分享。

教师总结：当困惑和困难的时刻，用 YES AND 的角度去看待一下当下的境遇，相信会有不同的视角和心境！

对于本节课的评价，绝大多数学生认为好玩、放松、新鲜、有趣、实用，表示还想再次参加，因为对缓解焦虑有效……学生们在参加完活动后，大都满脸笑容、欢快轻松地离开心理活动室，这说明即兴戏剧这种体验式的活动方式对缓解考前焦虑有着积极作用，远比以往枯燥的讲座和陈旧的活动设计的效果要好得多。而当越能从游戏中习得 YES AND 的智慧，就越能用开放、接纳、好奇的心去迎接生活中发生的一切，这种生活哲学也将为活出幸福而自由的人生赋能。

8.2.3 艺术疗愈练习——叩问生命的意义

叩问生命的意义，仿佛漫步在古老的哲学殿堂，每一步都踏在历史的尘埃之上，每一息都吸入了先贤的智慧之香。我们在无尽的时空中寻找着答案，像孤独的旅者，在繁星点点的夜空下，试图解读宇宙的密码。活出生命的意义感，便是让每一刻都充满色彩与温度。生命不是简单的存在，而是热烈的燃烧，是无尽的探索，是勇敢的面对。我们在岁月的长河中，用属于我们的独特方式，书写着属于自己的生命篇章。我无法预知未来，只能依靠自己的内心，去寻找那份属于自己的答案。有些答案藏在我们的意识里，有些答案却藏在潜意识里，今天我们将到我们的潜意识中寻找一些关于"意义"的线索。

今天我们一起探索关于"生命的意义"，关于这个议题，请你在下面的图中找到 5 个图形或图案（图 8-6），并用你的彩笔装饰成你想象中的样子（例如，一颗可爱的棒棒糖）。

图 8-6　隐藏的图形和图案

步骤一：先在图中画出，再把你发现的五样东西写到这里：

示例：

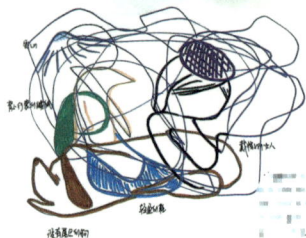

步骤二：用这五样东西，连接成一个一句话的故事，写到下面（此故事可以很抽象，充满隐喻意味，亦可以很具象，能表达你内心的声音即可）：

示例：

一只蜗牛背上行囊想要去往远方，远处的云朵指引着它的方向，没有尾巴的狗陪伴着它们二人的生故事。戴帽子的女人依依不舍送了它一双轻便的鞋子。

步骤三：仔细品味你的故事，看看是否有了点关于"意义"的线索？自由书写下来吧：

示例：

远方在每一个脚下，端点也在脚下每个脚下，也许脚怪我已抵达远方，不辨年化何一种遇见……拐把生活与行走来月……

生命的意义，或许就在于这寻找与画出的过程。它不在于结果，而在于我们如何用心去感受、去体验、去创造。每一个微小的瞬间，都可能成为我们生命中最宝贵的财富。让我们在追寻中领悟，在领悟中成长，最终活出那份属于自己独特的生命意义。

8.2.4　艺术疗愈工作坊——手作羊毛毡，织就温暖疗愈心田

[粗针]针头较粗，针上的齿痕大
毡化速度快，针孔也大
用于作品前期基础形状的制作

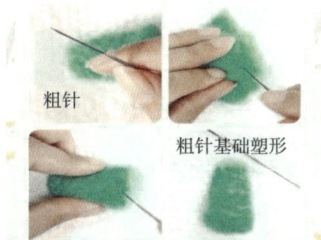

粗针

粗针基础塑形

图8-7　羊毛毡小人儿

在繁忙的日常工作与学习中，我们渴望寻找一片宁静的角落，让心灵得以舒缓。手作羊毛毡的艺术疗愈活动，让诗意与温暖在忙碌的生活间隙氤氲开来。

每一根羊毛，都承载着大自然的馈赠，它们柔软、温暖，如同母亲的怀抱。在双手的巧妙编织下，羊毛逐渐蜕变成一件件精美的艺术品，诉说着无尽的温情与故事。

在这里，我们用心感受羊毛的质感，倾听它们低语的声音。每一次揉捏、每一次塑形，都是与心灵的对话，让我们在忙碌的生活中找到片刻的宁静。手作羊毛毡，要一针一针戳出你心目中的形状，这不仅是一种艺术表现形式，更是一种抵达心中目标的良方。它让我们在创作的过程中，体会成就感，释放内心的压力，找回那份久违的宁静与平和。

我们一起沉浸在羊毛毡的世界，用双手编织出温暖与美好，体悟生活由自己创造的"成就感"。让心灵在这里得到舒展，让生活因自己的创造而变得更加精彩。

艺术媒材：各种颜色的羊毛（可买手工包，材料都搭配齐全）、戳针（粗、中、细）、纸、笔。

跟着老师和视频的引导（老师可在网上下载羊毛毡的教学视频，有很多公共教学资源可供参考），学做羊毛毡，并做一个有"成就感"表情的头像（图8-7）。

步骤一：给我的羊毛毡小人儿起个名字：

示例：

> 奔跑的小王子……

步骤二：写写关于我的英雄之旅故事：

英雄不是一个称号，而是一段属于你生命的冒险旅程。我们由自己

走过的道路所塑造，也由不同际遇下的选择与坚守所定义。因此，"我的英雄之旅"就在我们日常生活的脚下。你在当下决定为什么而出发？又经历了怎样的冒险或际遇，有怎样的跌宕或心路？属于你的英雄之旅或许是构筑一段全新的关系，或是离家远行追寻梦想，亦或是打破现阶段生命中的固有循环，开启一段好奇的梦想之旅……目的地和方向不尽相同，但我们穿越低谷或围城的那份勇气也许十分相似又富有生机。请写写关于你的英雄之旅（请仔细看看你的"羊毛毡小人儿"，他便是久违了的风尘仆仆的英雄），故事的起止、叙事方式皆由你决定。当然，如果你愿意，同学和老师们都很想聆听你的生命故事。

示例：

我的小王子去年经历了考研失败，这次做羊毛毡的过程也像极了去年废废想放弃励我。因为每一次的戳都像我的全部心力，二刷让我备感压意。但我还坚持，心中的信意不允许随让弃，为我也争取再备战陈，就此样，小王子跑起来，朝起越怪！

步骤三：当我在旅途中遇见了艰难险阻，这句信条（格言），可以安慰、鼓励，并支持我。

示例：

英雄就是对任何事都全力以赴，战斗至尽心无旁骛的人。
——波德莱尔

反复地戳羊毛的交互过程，像极了人生中的我们"升级打怪"，亦是为最后的呈现不断累积的过程，当羊毛塑造的人物经由我们的不断努力而栩栩如生时，成就感亦在不断累积。"成就感"，值得我们在生命的画卷上细细描绘，每一笔都是努力的印记，每一划都是成长的轨迹。在这漫长的旅程中，我们用心感受每一次成功的喜悦，用情珍藏每一次努力后的甘甜。我们亦用极大的耐心与坚韧穿越失败的灰心与沮丧。

收获当下圆满，便是让每一个瞬间都闪耀着满足的光芒。它不在于未来的辉煌，而在于此刻内心的宁静与充实，就如同我们在一起编织羊毛毡的过程，放松、美好而治愈。我们在岁月的流转中，不光着眼于最后的成功，也要学会欣赏沿途的风景，品味生活的点滴，让心灵在当下找到归宿与满足感。成就感与圆满，如同生命中的两颗明珠，相互辉映，共同照亮我们前行的道路。在追求中不断超越，在收获中不断成长，让我们在生命的舞台上，演绎出属于自己的精彩篇章。

延伸阅读

1.《当下的力量》

作者：埃克哈特·托利（Eckhart Tolle）

作者通过自我经历和思考，揭示了如何通过关注当下的力量来获得内心的平静和成长。它以其深刻的洞察、实用的方法和广泛的影响力，成为许多人寻求内心平静和力量的重要指南。通过这本书，读者可以学会如何活在当下，摆脱思维的束缚，发现内心的平和与喜悦。

2.《活出最乐观的自己》

作者：马丁·塞利格曼（Martin E.P. Seligman）

塞利格曼博士是积极心理学的奠基人之一，本书从积极心理学的角度出发，帮助读者增加幸福感，理解并实践乐观的生活态度。书中融合了丰富的科学研究和实证数据，为乐观主义提供了坚实的理论基础。通过学习和实践书中的方法，读者可以逐步改变自己的思维模式，以更加积极、乐观的态度面对生活中的挑战和困难。

第九课
生命的丧失与哀伤

问题的提出

1.你有没有丢失过喜欢的玩具？如心爱的小猫小狗永远离开了你？

2.随着时代发展城市变迁，你熟悉的路边摊、小卖部消失不见了？

3.你失恋过吗？或者曾经的朋友联系越来越少了？

4.你害怕自己或他人的死亡吗？你有过死亡焦虑吗？

5.你有没有跟亲人谈论过死亡？你知道如何平复失去亲友后的哀伤吗？

我们成长过程中、社会进步过程中、人类生命过程中都伴随着丧失，很多人觉得死亡离自己很遥远，完全没有思考过死亡的话题。但是这个议题是我们无法回避的，生命是个向死而生的过程，如何做好生命过程中的"选择"？如何理解当下的意义？为什么要关注当下的生活？如何理解让你今生死而无憾的使命？

存在主义心理学家欧文·亚隆（Irvin Yalom）在《生命的礼物——关于爱、死亡及存在的意义》一书中写道：存在主义治疗围绕的是死亡、自由、孤独和生命的意义展开，人的一生是在不断螺旋上升发展的，在其中我们要不断做出判断、选择，而这都必然伴随着得到与丧失。人生就是在舍取之间、得失之间达到某种平衡。丧失实质上存在着两面性，一方面是失去，另一方面是每一种丧失都有特定的积极意义，其中也包括死亡的意义。

这章我们将讨论丧失、哀伤、死亡的意义，深刻理解丧失的无奈与有限，理解死亡对死者、对生者的意义，从而指导当下的生活。

知识点

基本理论		表达性疗愈媒介	目标
丧失	定义	声音疗愈（埙）	1.通过埙音色特质（低沉、悠远、空灵），引导学习者辨识和接纳哀伤情绪，建立非言语化的情感表达通道，缓解语言受限的宣泄困境 2.借助埙的"大地之声"之哲学意涵，帮助学生理解哀伤在生命周期中的普遍性，从文化视角深化对生死、离别等议题的认知，促进全纳教育中的多元包容性 3.通过呼吸控制（吹奏技法）与音律共鸣，调节自主神经系统，缓解哀伤引发的躯体化反应（如胸闷、压抑），培养以音乐为锚点的自我安抚能力
	机理		
	分类		
哀伤	定义		
	五阶段		
	四任务		
终结性丧失	死亡的意义	建筑空间	通过绘制citywalk地图，了解你所在城市与生命相关的建筑地标（必须有一处为墓园），并以小组为单位分享各自对这些建筑的理解
综合实践		大学生失落与悲伤议题的艺术疗愈团辅方案	

9.1
什么是丧失

丧失是指违背个体的意愿失去曾经拥有的人、事、物。它既包括具体的、实在的人、事、物；也包括抽象、想象、意识层面的观念、形象等。丧失通常会伴随着悲伤、痛苦和无助等情绪，丧失会对个体的心理和生理健康产生重要影响。

丧失也可以是指个体在生理、心理或社会方面所经历的一种痛苦和困难的体验。丧失可以是一种短暂的、局部性的现象，也可以是一种长期持续的、全面的体验。丧失通常伴随着一系列复杂的情感和行为反应，如悲伤、愤怒、恐惧、焦虑、无助等。因此，丧失可能会对个体的心理健康产生深远的影响，甚至可能导致个体出现抑郁、焦虑、创伤后应激障碍等心理疾病（图9-1）。

图9-1　丧失导致的情绪

下面分享几个案例，帮助大家认识丧失在生活中有哪些可能的表现形式。

困在选择中的小朵。小朵是成长在都市中的小公主，父母的掌上明珠，从小成绩优秀，是老师眼中的优等生。进入大学以后，她发现自己无法达到高等数学、计算机类课程的要求，申请降转到另一个专业。这样小朵不得不跨两个年级间选课，以满足培养计划学分的要求，同时，小朵发现，她没有了班级和年级的归属感，没有可以和自己同进退的同学，时常会错过很多重要的通知。一年下来身心疲惫，期末考还有2门挂科，她开始怀疑自己的选择。此时，父母感受到了小朵的不开心，于是提出让小朵出国留学，小朵开始觉得出国可以改变目前的困扰，同意考雅思备战出国。表面上她努力地奔波，实际上她常常失眠，独自在图书馆发呆，食欲减退、心悸、社交出现障碍，学习计划、职业规划一片茫然。她开始后悔降转专业，担心出国后不适应，心中做着各种假设。"我智商是否出问题了，为什么总记不住单词？""高中同学都准备保研了，我大学文凭都没有，我太没用了""我出国就能解决问题吗？不能的话，还不如不出去"她反复困在了自己"仿佛可行"的选择中。

说不出"分手"的筱筱。筱筱是二年级研究生，大学期间有一段姐弟恋情，两人关系基本以筱筱为主导，考取研究生后，筱筱结束了这一段情感。后和同门师兄开始恋爱，半年后，筱筱发现师兄不但劈腿另一位女生，还时常下载交友软件聊天，纯属渣男。但是，筱筱却说不出分手，她觉得除了不专一外，师兄基本满足她所"设定的需求"——学术上棋逢对手，家庭背景相似，生活习惯相近。但是男友时常各种"渣"的故事让筱筱痛苦不堪，时而和女老乡同游异地，时而和前任藕断丝连。其实筱筱内心早就决定分手，就是没勇气说出口。

不得不按下暂停键的博士研究生W。W近半年时间无法入睡，一闭眼，满脑子是父亲临终病床前各类仪表上的数据和犹如蜘蛛网的各类导管，无数个夜晚被噩梦惊醒，不是忽略了哪一个数据，就是触碰到了哪根导管，或者是父亲如洞窟般绝望的眼神。"我十分后悔，没有按照父亲生前的要求放弃抢救，总以为还有希望，生命的尽头可以来得慢一点。结果是父亲在ICU度过了40多天后告别了人世。我没有尽到儿子的义务，不是好儿子。"这样的念头一直困扰着W，以至于他隔绝社交，沉湎于自责之中，也没法完成博士学业。面对父亲生命的丧失，W同学出现了应激障碍，一时间无法调整，以致不得不在求学的道路上按下暂停键。假设，如果W和父亲之间，对死亡有过认真的讨论，清晰了解各自对死亡的理解，以及在生命的最后一刻，该如何处理。或许，W同学可以避免在父亲弥留之际慌乱而无助。

以上三个案例，表面上看是学业压力、情感困惑、应激障碍，但通过深层次分析，可以归纳为身份的丧失、人际关系的丧失、生命的丧失，以及因丧失产生的抑郁、焦虑、哀伤等情绪。

9.2

丧失相关理论

心理学家埃里克森提出：发展性危机是个人在正常成长和发展过

程中，对急剧的变化或转变所产生的异常反应，如升学危机、身份认同危机、情感危机、性心理危机等。在埃里克森看来，人的一生中将遇到八对最主要的挑战，即经历八次危机。一个人要顺利地进入下一个阶段，必须先解决好当前面临的危机。每一段危机的处理与化解，都需要做出一定的选择，选择伴随着一些丧失，化解危机也会伴随丧失，即我们的一生，常常处在得失之间，如果一个人能成功地解决前一个危机，那么今后在处理这类危机及其他危机时将有牢固的基础。前一阶段危机的解决和接纳丧失的存在，有助于以后阶段顺利度过危机，反之则会影响以后阶段危机的解决。

大学时代是人生命历程中必要和重大的转折点，必然相伴随着一些发展性危机，而这些危机的成功解决是大学生走向成熟和完善的阶梯。第一个案例中的小朵，在降转专业的过程，犹如进入成长区的一条隧道，她在里面看不清自己的需求与目标，遭遇"发展性危机"的困扰，选择了逃避。她以为降转、退学、休学，离开这个不舒服的环境，就会解决所面临的困境。殊不知，从压力区退却固然会感到一时舒服，却会因为放弃了成长，会给今后带来更大的适应问题。

大学生能够客观评价自我，独立做出决断，并能够承担起社会的责任。同时，还要形成亲密感，例如能够与别人建立和谐的关系，获得相互的认同，能够与异性伴侣建立亲密关系体验爱情。如果这些心理特征不被建立，就会存在心理丧失。心理的丧失必然造成心智发展的不成熟，进一步导致个人发展性丧失。

9.2.1　意义重构模型

吉里斯（Gillies）等人提出应对丧失哀伤的意义重构模型（model of meaning reconstruction，MMR）（图9-2）认为，引起丧亲之痛的主要原因是丧失打破了人原本的意义结构或假设世界，打碎了原来承载的世界意义及自我价值的认知模式。世界突然变得陌生和危险，使人认为世界是不安全的，生命是无意义的，生活是不可控的。

意义建构观点认为：如果丧失不破坏人们原来假定的世界，或者丧亲者所持的假设能够容纳丧失，就能够防御失去亲人的痛苦。因此，对丧失的意义建构是防御丧失之痛的认知结构，人在经历丧失之痛时是有意义建构的过程，在丧失后寻求意义是人更好地生活下去的重要驱力。

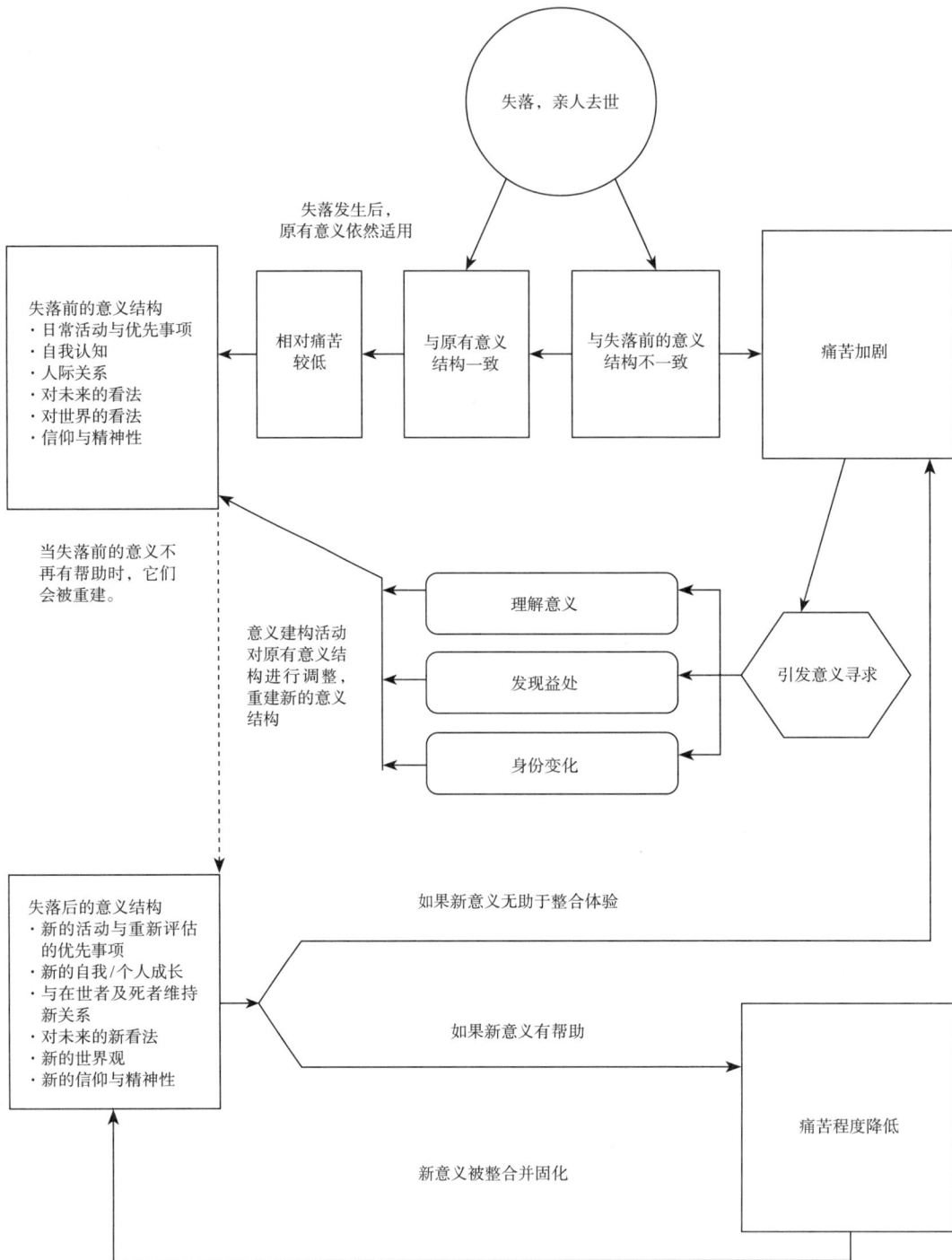

图 9-2　失去亲人后的意义重构路径模型

　　意义重构包括三个过程：意义找寻、丧失获益和身份转变。意义找寻是指失去亲人的人对丧亲之痛有疑问，并尝试发现、理解丧失的意义，即对丧失的解释与理解；丧失获益是指从丧失或创伤中汲取益处，这是赋予事件以积极价值或意义的方法，如从丧失经历中发现对个人成长或人际关系的意义；身份转变是指意义建构与发现益处的结果，是指在建构应对丧失的意义的同时，个人必定也在建构一个新的自己。❶

9.2.2　恐惧管理理论

该理论认为：创伤性的丧失（如失去亲人、婚姻关系破裂等），会让丧失者感到哀伤，意识到人的必死性与人与人关系的脆弱性，进而带来了潜在的对死亡和不确定性的恐惧。贝克尔（Becker）认为，人能够意识到自身、过去与未来，能够意识到死亡的不可预测性和不可避免性，这给人类带来了潜在的对失去生命的恐惧。这种对死亡的恐惧是人类行为的根本驱力之一。为了免除死亡恐惧，人类创造出文化世界观，赋予"存在"以意义、秩序和永恒。死亡恐惧也驱使个体归属于群体，使内心感到安宁和圆满，自身的存在得到提升，确切地感到超越的价值，从而缓解死亡焦虑。❷格林伯格（Greenberg）等在贝克尔的思想基础上提出恐惧管理理论（terror management theory，TMT），核心观点是人在意识到必死性后会启动心理防御机制，通过改变认知和行为来缓解死亡焦虑，保证日常生活不受困扰。防御机制包括文化世界观和自尊。为了缓解死亡恐惧，人会积极地寻求存在的价值与意义，通过建构有意义、有价值、有秩序的体系——文化世界观，相信自己是文化体系的一员，达到体系的价值标准，获得自尊，超越自我，实现象征意义上的永生。❸研究证明，增强自尊可以缓解死亡焦虑。在死亡的提醒下，人们更趋向认同自己的文化世界观，对支持自己世界观的人和事表现出积极反应，对威胁其世界观的人产生消极反应。以寻求实现与自尊紧密相关的价值标准来缓解死亡提醒带来的焦虑和恐惧。❹当死亡在意识层面凸显时，人会启用防御死亡恐惧的近端机制，即通过压抑或分散注意力将恐惧与焦虑排除在意识之外，但由于潜意识中死亡恐惧高度活跃，人还会

❶ Gillies J, Neimeyer R A, "Loss grief, and the search for significance: Toward a model of meaning construction in bereavement," *Journal of Constructivist Psychology* 19, no.1（2006）: 31-65.

❷ 厄内斯特·贝克尔：《死亡否认》，林和生译，人民出版社，2015。

❸ Greenberg J, Solomon S, Pyszczynski T, "Terror management theory of self-esteem and cultural orldviews: Empirical assessments and conceptual refinements. Advances in experimental social psychology," *Academic Press* 29,no.8（1997）: 61-139.

❹ 谢尔登·所罗门、杰夫·格林伯格、汤姆·匹茨辛斯基：《怕死：人类行为的驱动力》，陈芳芳译，机械工业出版社，2016。

通过远端防御机制，即文化世界观或自尊来缓解死亡恐惧❶。

人总是希望融入一个与其共享相同特质与态度的社会体系之中，以便确信自己是有意义世界中有价值的个体。死亡凸显增加了人对内群体的认同，并且与文化认同相比，群体归属感是降低死亡凸显性的更有效的手段。当有关死亡的想法被唤醒时，人会迫切地需要与他人亲近，甚至是与自己文化世界观不同的人亲近❷。恐惧管理理论说明，丧亲者在心理上不仅承受着哀伤，也面临着对必死性的潜在恐惧与焦虑，并且通过群体认同缓解死亡焦虑与恐惧。

9.3

丧失的分类

可以由丧失的来源、内容、性质等进行分析（图9-3）。

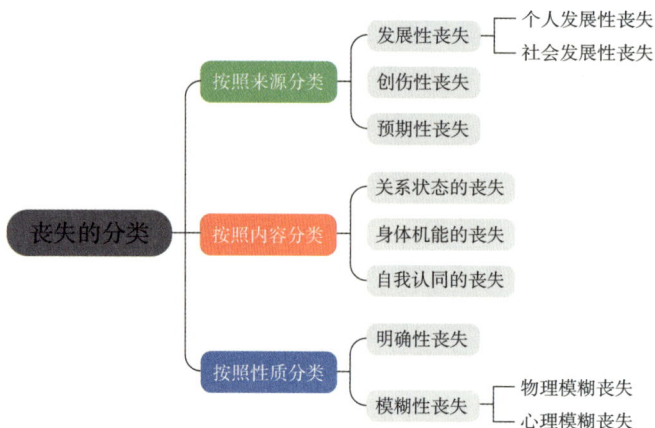

图9-3 丧失的分类

9.3.1 按照来源分类

按照来源分类的丧失中包含了我们前面提到的发展性丧失、创伤性丧失，以及预期性丧失。

---

❶ Pyszczynski T, Greenberg J, Solomon S, "A dual-process model of defense against conscious and onscious deathrelated thoughts: An extension of terror management theory," *Psychological Review* 106, no.4（1999）：835-845.

❷ Dechesne M, Greenberg J, Arndt J, et al, "Terror management and the vicissitudes of sports fan affiliation: The effects of mortality salience on optimism and fan identification ," *European Journal of Social sychology* 30, no.6（2000）：813-835.

（1）发展性丧失

发展性丧失是指在个人或社会的发展过程中所遭受的损失。这种丧失可能是由于不可预测的事件，如自然灾害、事故或疾病，也可能是由于不可避免的决策或环境变化所引起的。发展性丧失可以分为个人和社会的发展性丧失两种，无论是个人还是社会，发展性丧失都会对我们产生深远的影响。

个人发展性丧失，可能包括失去亲人、失去工作、失去健康等。这些丧失会给个人的生活带来巨大的冲击，使我们陷入失望和绝望之中。失去亲人可能会导致心理上的创伤和孤独感，失去工作可能会导致经济上的困难和自尊心的受损，失去健康可能会导致生活质量的下降和自我认同的困惑。这些丧失不仅对个人的心理和身体健康产生影响，还会对我们的生活方式和人际关系产生重大的改变。

社会发展性丧失，指在社会的发展过程中所遭受的损失。这种丧失可能包括失去文化传统、失去环境资源、失去社会价值观等。失去文化传统可能会导致人们的身份认同感丧失，社会凝聚力、归属感的下降，失去环境资源可能会导致生态平衡的破坏和可持续发展的难题，失去社会价值观可能会导致道德观念的淡化和社会道德风气的败坏。这些丧失不仅对社会的稳定和发展产生影响，人们的生活方式和社会关系还会产生重大的改变。

发展性丧失的原因是多种多样的。个人发展性丧失可能是由于个人的决策错误、疾病或意外事故所导致的。社会发展性丧失可能是由于政策变革、经济发展或环境变化所引起的。无论是个人还是社会，发展性丧失的原因都与人类的不可控制性和不确定性有关。在面对这些不可避免的丧失时，个人和社会都需要做出适应和调整以继续前进。

我们也需要关注，发展性丧失对个人和社会都会产生深远的影响。个人发展性丧失可能导致心理健康问题的出现，如焦虑、抑郁甚至自杀倾向。社会发展性丧失可能导致社会不稳定、犯罪率上升和社会分裂。因此，发展性丧失是个人和社会发展过程中不可避免的一部分。个人和社会都需要采取积极的措施来应对发展性丧失的影响。我们需要在个人和社会层面正视和应对这些丧失，以实现个人的成长和社会的进步。可运用艺术疗愈的技术，通过觉察、接纳、改变与丧失共存。

（2）创伤性丧失

创伤性丧失是指由于意外事故、自然灾害或其他突发事件导致生命的突然失去。创伤性丧失是一种痛苦的经历，不仅会对个体本身造成深刻的影响，也会对其家人、朋友和社会产生重要的冲击。这种丧失常常伴随着剧痛和悲伤，使人们难以依靠自我的力量接受和理解已经发生的事实。

在面对创伤性丧失时，个体和家庭需要适应和应对巨大的挑战。首先，我们应该学会接受和面对悲伤。丧失是一种不可逆转的事实，我们无法改变过去发生的事情，但我们可以改变对待它的态度和方式。其次，家庭和社会的支持对于帮助个体度过这个艰难时期至关重要。家人和朋友的陪伴、理解和支持可以帮助个体走出困境，恢复正常的生活。此外，也要从政府和社会组织获取必要的支持和帮助，包括精神上的支持和经济援助。最后，寻求专业帮助也是应对创伤性丧失的重要因素。个体需要学会独自面对困境，但寻求适当的心理咨询和治疗也是非常必要的。专业的辅导师和心理医生可以为个体提供心理上的指导和支持，帮助个体走出悲伤和失落的情绪，重新建立起积极的生活态度。

（3）预期性丧失

预期性丧失指的是还没有真正发生，却在我们预期之内的丧失，但并非所有人都会经历相同的预期性丧失。这种丧失通常是由于某种已知的风险或危险因素所导致的。无论在社会还是个人层面，我们可以采取一系列措施来减少这种丧失的发生。前面博士研究生 W 的情况，就是对预期性丧失缺少应对。假设，如果在其父亲弥留之际，对生死有清醒的认知，W 对问题的出现有过思考，或许可以避免出现自责、愧疚、无助的情绪。预防措施是减少预期性丧失的关键。在自然灾害方面，我们可以通过加强建筑物的抗震、抗风能力，建立早期预警系统，加强对灾害的预测和应对能力，以减少生命的损失。在事故方面，我们可以加强安全生产监管，推行安全培训，加强事故预防工作。在疾病方面，我们可以加强公共卫生意识，推广健康生活方式，提高医疗服务的质量和覆盖率等。应急救援措施也是减少预期性丧失的重要手段。当灾害或事故发生时，迅速而有效的救援行动可以最大限度地减少生命的损失。对于个人而言，我们应具备基本的应急处理能力，了解常见的急救知识和技能，以便在紧急情况下能够及时采取有效的措施，保护自己和他人的生命安全。

9.3.2　按照内容分类

按内容分类，丧失一般分为关系状态的丧失、身体机能的丧失和自我认同的丧失。

（1）关系状态的丧失

关系状态的丧失指与亲人、伴侣、朋友等关系物理或心理上暂时或永久地分离，包括丧亲、失恋、与朋友关系渐行渐远、理想化的关系破灭等。在我们第二个案例中，来访者筱筱担心的是关系状态的丧失，反复犹豫，迟迟不能下定决心。

（2）身体机能的丧失

身体机能的丧失是指身体遵循自然生长规律而产生的变化，或者疾病带来的健康的丧失。身体机能的某种丧失包括两种类型。一种是身体遵循自然规律生长发育而产生的变化。初生婴儿的身体是最脆弱的，到了青春期，身体各方面机能达到最高峰，之后开始逐渐走向衰弱。

另一种是疾病带来的健康的丧失。例如，假设我们患了感冒、发烧等小毛病，失去的可能只是几天的健康感受，但也会有因疾病丧失肢体、器官等事件发生，从而影响我们的生活质量，改变我们的生活状态。此外，一些精神心理疾病，如抑郁障碍、焦虑障碍、强迫症或双相情感障碍等，也会改变我们对生活的看法和态度，让我们体会丧失的感觉。有些丧失是暂时的，有些丧失是长期甚至永久的，这需要我们找到适应疾病的新的生活方式。

（3）自我认同的丧失

自我认同的丧失是指自我认知更新过程中原有认知的丧失，可能伴随着困惑和迷茫感。如有学生在进入大学后经历着一段时间的迷茫，尤其对那些在中学成绩优异的学生来说，进入大学有可能会迎来一次非常大的冲击。因为他们来到了高手如云的环境，发觉自己在人群中不再那么出类拔萃，失去了高中时期的优越感和自我认同感，昔日学霸找不到自我价值的支撑点"我都找不回中学时那个积极勤奋、自信满满的自己了！"这时，我们需要学会用多元的价值体系来全面地看待自我，不妄自尊大，也不妄自菲薄。

9.3.3 按照性质分类

明确性丧失和模糊性丧失，这是一组相对的组合性概念。明确性丧失（unambiguous loss）是指特定的物质、生理器官或功能、生命、关系等的失去，这种失去有明确的内容和明确的指向。如前面表述的发展性丧失、创伤性丧失等。模糊丧失（ambiguous loss）的定义为存在仍未证实不明确丧失的情境（Boss，1999），其分为两类：第一类是物理模糊丧失——心理出席但物理缺席，第二类心理模糊丧失——物理出席但心理缺席。这两种模糊丧失的影响是系统性的，可以同时发生在个体和其所在的家庭中。比较典型的例子如挚爱的某个人并没有死亡，但丧失了记忆或个性，其照看者会有焦虑和抑郁的情绪产生。这种症状类似于抑郁症或复杂性哀伤，其照看者会开始逐渐出现病态的心理或行为。

丧失对于个体的心理健康产生的影响是复杂的，因为它涉及个体的生理、心理和社会需求。丧失可能会导致个体出现抑郁、焦虑、创伤后应激障碍等心理疾病，从而对个体的身心健康产生负面影响。然而，丧失也可能成为个体成长和发展的机会，因为它可以促使个体重新审视自己的价值观和生活方式，从而促进个体的自我认知和自我发展。

应对丧失的策略多种多样，包括心理治疗、药物治疗、社交支持、康复训练等。心理治疗可以帮助个体处理丧失带来的情感和行为反应，从而减轻个体的痛苦和压力。药物治疗可以帮助个体缓解丧失带来的生理和心理痛苦，从而提高个体的应对能力。社交支持可以帮助个体建立新的社交网络，从而减轻个体的孤独和无助感。康复训练可以帮助个体重新适应丧失后的生活，从而提高个体的生活质量。本章节第二部分，将讨论艺术疗愈对丧失的疗愈作用。

9.4

哀伤

9.4.1 哀伤的定义

哀伤是人在失去所爱或所依恋的对象（主要指亲人、环境等）时所面临的境况，这种境况可以是一种状态，也可以是一个过程，包括了悲伤与哀悼的反应。它是一种正常而自然的情绪反应，是深层的人类感情，每个人都会产生并经历。哀伤产生的原因多种多样，比如失去亲人、生活遭到挫折与失败、与亲友分离与离别等等。哀伤的反应多样，涉及认知、行为与情绪反应，有些哀伤反应是正常的，但有些哀伤反应会延迟出现、压抑、过度强烈或持续过久，变成未完成的、慢性化哀伤，影响生命的能量与人际关系。

美国著名社会学家彼得·马里斯（Peter Marris）发现，爱并不能完全解释和化解哀伤。当人们哀悼丧失同时丧痛危机随即产生，但它并不是来自失去他人，而是来自失去自我。人面临丧失的矛盾心情，表达了他身处于过去与未来之间的复杂的心理冲突。哀伤则是人们处在下面两种矛盾冲突中的一种表达——将过去生活中有价值的、重要的体验整理与保存而不至于失去；同时，在人际关系中去建立一种有意义的模式，即失落是被接受的。

因此，认识哀伤可以帮助我们学会如何应对和释放情绪，让自己从哀伤中走出来。让它们成为我们面对哀伤时的力量和支持。

9.4.2　哀伤的"五阶段"与"四任务"

9.4.2.1　哀伤的五个阶段

精神病学家伊丽莎白·库伯勒-罗斯（Elisabeth Kübler. Ross）认为，当人们遭到突如其来的不幸打击，或者痛失所爱时，情感上通常会经历五个阶段：否认、愤怒、试图改变、抑郁，最后才是接受（图9-4）。

图9-4　哀伤的五个阶段

（1）否认

该理论指出，我们在得知重大变故或亲人离世的消息后，第一反应往往是否认。我们很难接受过去生活中有价值的、重要的体验或者亲人离开了，拒绝接受事实恰巧可以减轻我们的哀伤。其实在失去他们的那一刻起，我们的生活也随之发生改变，大脑则需要更多的时间来接受这一事实。当我们回顾自己与之前所经历的种种时，更会感到迷茫，不知道该如何继续自己的生活，事实是此刻是丧失的自我。不断回忆起过往的画面，会让我们更哀伤。所以，为了不让自己被消极情绪所淹没，大脑会自动通过"否认"去放慢哀伤的过程，让我们逐步地接受现实。否认并不是单纯地假装失去这件事不存在，而是以暂不接受的方式去努力地吸收和理解当下所发生的事。

（2）愤怒

在失去挚爱以后，愤怒也是一种常见的体验。愤怒之所以是第二阶段就出现的情绪，一方面，是因为我们在面对突如其来的意外时，有很多的情绪奔涌而来，使得我们很难马上接受事实，所以往往会选择将愤怒作为情绪宣泄的出口。另一方面，则是因为承认愤怒比承认自己害怕更容易。愤怒可以让我们在表达情感的时候，变得不那么害怕被评价和被拒绝。然而，被愤怒的情绪笼罩以后，我们很难理智地面对他人，常常会把好心安慰我们的朋友拒之门外。

（3）试图改变

面对失去时，我们会感到绝望。为了能减轻痛苦，我们努力去做"任何"事，即使这件事情毫无意义或者根本不可能发生。这时的我们只是不想或没有能力面对现实的痛苦，比如，"如果你能治好这个人，我会用我的生命去回报你。""如果你能让这个人活下来，我一定会变得更好。""如果你能让他不要离开我，我以后再也不会生气了。"当我们意识到无法通过自身实际的努力影响或是改变一件已经发生的事情时，我们会感到无助。我们希望通过改变现实的方式来重新夺回对事物的控制感。在我们想方设法改变现实的同时，我们还在不断回顾过去，反思自己在相处过程中的不足与遗憾，一遍又一遍地反省我们是否有什么失误而造成现在的结果。在回忆的过程之中，我们也时常反思自己曾经说过的错话，并祈祷我们能回到过去，这样丧失的事情是不是就能发生转变。甚至，我们通常还会做出更极端的假设，设想如果当时发生的事情能有不同的结局，现在是不是也没那么痛苦了。

（4）抑郁

我们在处理哀伤情绪过程中，会有一段时间放慢自己的想象，逐渐开始接受当下的现状。这个阶段里，我们不再选择逃避，而是直面现实。与此同时，否认、愤怒、讨价还价的情绪逐渐消失，失去的感觉变得更加真实和赤裸。

在之前的三个阶段里，我们倾向于用逃避来减轻痛苦。可当我们真正接受了自己已经经历的事情时，我们可能会有些怯懦，不愿意与人接触，变得不太合群。虽然失去挚爱后的抑郁情绪让我们觉得孤单，但我们需要意识到，这也是哀伤发展的一个自然阶段。

（5）接受

接受意味着我们不再抗拒现实，不再试图改变既定的事实，但不意味着我们体会不到失去的痛苦。在这个阶段，悲伤和遗憾的情绪依然环绕着我们，只是之前所经历的否认、试图改变和愤怒等情绪已经逐渐平息。

9.4.2.2　哀伤的四个任务

面对哀伤，我们该如何通过完成哀伤的四个任务来完整经历哀伤情绪的发展（图9-5）。

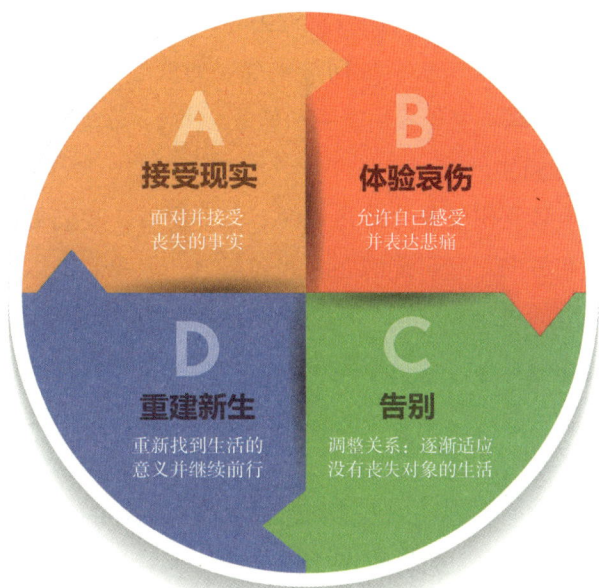

图9-5　哀伤的四个任务

（1）接受事实

面对丧失，首先要做的是接受这个事实。无论是亲人的离世，还是其他的失去，我们都需要正视现实，承认这个丧失的存在。有时候，可能会试图逃避或否认这个事实，但这只会让我们更加痛苦和困惑。只有当我们勇敢地面对丧失，并承认它的存在，才能开始向前迈进。比如考试失败，很多同学无法接受曾经优秀的自己在大学里出现考试失败，以致一蹶不振。事实上，据不完全统计，世界前10%的大学中，每年约有5.7%被要求退学。退学，并不意味着完全的失败。比尔盖茨、乔布斯、扎克伯格都有退学的经历，又都分别找到了人生奋斗的目标并实现了人生价值。

（2）体验哀伤

在接受丧失的同时，我们也需要体验悲痛、愤怒、内疚等情感。悲痛是我们在失去后自然而然产生的情绪反应。它可以是难以承受的痛苦和悲伤，但这也是我们心灵疗愈的必要过程。我们可以通过哭泣来表达内心的痛苦和悲伤和释放情感。这样，我们可以让自己的内心逐渐平静下来，开始接受和适应失去所带来的改变。

（3）告别

告别是哀伤任务中的重要一环，意味着我们要彻底放下过去，与失去的事物或人正式分离。这可能是一个艰难的过程，因为我们通常会陷入对过去的回忆和怀念中。然而，只有当我们真正告别过去，才能为新的开始腾出空间。

告别是一种成长。当我们告别过去，也在告别自己。我们从中学会了如何面对痛苦和失去，如何接受现实的残酷。在告别的过程中，我们逐渐成熟起来，变得更加坚强和勇敢。

（4）重建新生

重建新生是哀伤任务的最终目标。在丧失后，我们需要重新找到生活的意义和方向。这可能需要时间和努力，但我们可以通过积极的态度和寻找新的机会来实现。我们可以寻找新的兴趣爱好，找到新的朋友，追求新的目标。通过重建新生，我们可以重新找到内心的平衡和幸福感。重建新生需要时间和努力。我们不能期望一夜之间就摆脱悲伤，而是需要慢慢地适应新的生活。这可能意味着面对痛苦和挑战，即使在最黑暗的时刻，我们也要相信自己拥有内在的力量和勇气去面对一切，重新找到内心的平衡和幸福感。

在哀伤的任务中，面对和接受丧失、体验悲痛等情感、告别过去和重建新生都是不可或缺的环节。这些任务虽然会带来痛苦和困难，但它们也是我们成长和慢慢疗愈的过程。当我们勇敢地面对丧失和悲痛，告别过去，并重新建立新生时，我们将会变得更加坚强和有能力应对未来的挑战。

9.5

生命的丧失——死亡的意义

生命是一种宝贵而神奇的存在，死亡则是与生命紧密相连的一个环节。死亡是生命最高层级的丧失。对于人类来说，死亡也是不可避免的命运。虽然我们每个人都知道自己终将面对死亡，但对死亡的理解和对其意义的思考却因文化、宗教和个人信仰的差异而不同。

在欧文·亚隆（Irvin Yalom）《存在主义心理治疗》一书中就有提出。一方面，死亡是很多焦虑的来源，很多焦虑都源于对生命有限的焦虑和恐惧；另一方面，反思死亡，面对死亡，能给我们的生命带来成长性改变。为此，当我们试图去理解死亡，不可忽视的就是死亡和生命之间有着千丝万缕的联系。在《生命的礼物——关于爱、死亡及存在的意义》一书中写道：死亡之路无坦途，在痛苦煎熬的日子里，愈加体会到自己的生命与他人的联结——不仅是与丈夫和孩子们，还有许多雪中送炭的朋友们。一个人活着并不仅仅是为了自己，也是为了他人。

我们偶尔也会看见"自杀"与"自残"的案例。自杀虽然不涉及法律，但从道德、道义、伦理上是不被接受的。讨论死亡的意义在于清晰地认知生命的唯一性与不可逆性。

首先，死亡提醒我们珍惜生命。正因为死亡的存在，我们才能更加深刻地意识到生命的脆弱和有限。死亡的存在让我们认识到，生命的价值不在于它的长短，而在于我们如何对待和利用它。

其次，死亡使我们更加关注生命的意义。当我们面对死亡时，我们开始思考生命的目的和意义。我们不再满足于肤浅的物质追求，而是寻求一种更深层次的满足和意义。死亡的存在促使我们思考人生的意义，并努力寻找属于自己的真正价值和目标。

最后，死亡使我们更加珍视人与人之间的关系。当我们面对死亡时，我们开始意识到时间的宝贵和有限。我们开始关注自己与他人之间的关系，并更加努力地去建立和维护这些关系。死亡的存在让我们明白，生命中真正重要的不是物质财富，而是人际关系和情感纽带。

此外，死亡也是一种解脱和平静。对于那些身处痛苦和病痛中的人来说，死亡可能是一种解脱和释放。在面对无法逆转的病情和痛苦时，死亡可以成为一种安宁和平静。

然而，尽管死亡有着种种意义，但它对每个人来说都是一个独特的体验。我们每个人都有自己对死亡的理解和接受方式。不同的文化、宗教和个人信仰也会对死亡产生不同的解读和态度。有些人可能将死亡视为一种过渡，一种灵魂的继续。有些人可能将死亡视为一种永恒的结束，一种彻底的消逝。

理解了丧失、哀伤、死亡之后，我们懂得一生中不得不与丧失相伴，那我们怎么才能死而无憾呢？如何与无奈的有限性共存呢？

一方面是一生中伴随着无奈，无奈对一生的影响有限。人的一生，成长是恒定量，丧失是可变量，丧失虽然无奈，但是对我们的影响有限。我们有时在特定环境和条件下，会放大丧失对我们的影响，让哀伤控制我们。回到开始的三个案例，对于小朵，成长道路上选择过程中的舍取，是个人发展中的丧失，通过小朵自身的努力，她已经在世界排名前50的高校继续攻读研究生学位；筱筱，由于在亲密关系构建过程中害怕上一段关系丧失，导致情绪的低落。她在研究生毕业后，与该男友分手，半年后，结识新男友，正沉浸在爱情的甜蜜中。W面对父亲生命的丧失，不知如何处理哀伤。虽然他经历了休学，但是经过药物治疗和心理咨询，基本恢复正常，返回了校园。

另一方面，向死而生是一种无奈，生命的存在是有限的。从死亡恐惧理论分析，人惧怕死亡，又逃脱不了死亡的命运，于是焦虑就产生了。死亡焦虑潜伏在我们的无意识当中，如果不能准确识别死亡焦虑，对死亡的恐惧就会一直笼罩着我们。从心理学的角度看，死亡焦虑是驱使人们做出各种破坏性行为的重要动力，所以，正确识别死亡焦虑将有助于我们纠正日常生活中一些不自觉的行为或思想偏差。理解每个人对死亡的个人解读；我们要理解死亡是生命的一部分，它给予了我们对生命的深刻思考和理解。通过对死亡的思考，我们可以更加充实地度过我们意义丰富的生命旅程。

9.6

艺术疗愈实践

9.6.1　中国传统乐器在艺术疗愈中的妙用

埙是我国最古老的乐器之一（图9-6），材质多为陶土，属气鸣乐器。雏形为劳动狩猎所需的工具，如"石流星"（一种诱捕禽鸟的辅助工具，目前关于埙的前身最多的说法）。后来才逐渐随着人类社会的发展演变成一种吹奏乐器。现已知最早的埙为兴隆洼文化遗址发现的两枚石埙，距今约7400～8200年，其历史悠久等同于最古老的河南贾湖骨笛。埙是一种腔体发音乐器，以其简单的形制和特有的"土"声，被人们称为最接近人性的乐器。在漫长的历史岁月中埙被人们反复把玩推敲，历久弥新。

利用听觉、触觉唤醒我们的感知，在治疗师的引导下，利用器型、声音的隐喻，和演奏中气息的变化与个体的潜意识交流，可以达到身

图9-6　陶埙

心合一，健身健体的功效。

（1）器型特点

商代之前的陶埙，器型变化较大，种类繁多，按外形分类有传统的卵形埙、改良葫芦埙、握埙、鸳鸯埙、子母埙、牛头埙、笔筒埙等多种类型。按材料分有陶埙、半瓷埙、瓷埙、木埙。直到商代陶埙的形制才得以最终规范。商代中期以后的陶埙，均呈现出圆腹平底、上锐下宽的橄榄型或半卵形形制。

基于埙的器形特点，我们将引导女性在参与活动中，将埙作为过渡客体，隐喻为女性身体中重要的器官，可以是子宫，也可以是乳房，将身体的器官外化与延伸，工作坊围绕身体的一部分开展工作。

（2）声音特点

陶埙最根本的价值在于它的音乐性，它可以吹奏出有组织的音列以及独特的音响效果以供审美。就音色而言，埙无疑是我国传统乐器中极为特殊的一种。与气柱震动发声的管乐器（笛箫之类）不同，埙乃由埙腔内的球形气团震动发声，音色较气柱震动的管乐器更加浑厚。古人对埙的音色曾给予了特别的关注和评价，唐代郑希稷在《埙赋》中云："埙之自然，以雅不潜，居中不偏。故质厚之德，圣人贵焉。"盛赞埙的音色"挫烦淫，戒浮薄"，有"和平之气"；《诗经·小雅·何人斯》中也曾有"伯氏吹埙，仲氏吹篪"一说，用埙、篪两种乐器音色的和谐悦耳来比喻兄弟之间的和睦共处。我们利用埙的音质，帮助我们"挫烦淫，戒浮薄"

（3）埙的表现意义与隐喻

陶埙空灵飘渺的音色在神秘庄重的祭祀仪式上是一种绝妙的存在，古人在祭祀之时，常常会利用埙的特殊音色营造出一种与上天"沟通"、与鬼神"沟通"的神秘气氛，泣声、诉声、祈祷之声，甚至是不可名状的鬼神之声充满了神秘甚至是诡异的色彩，令人闻之肃穆、凝重，甚至寒栗。

虽然在现如今的甲骨文文献中，我们无法找到埙被应用于祭祀活动的记录，但不排除埙也有被运用于祭祀活动中的巨大可能。倘若如是，埙便被音乐审美观赋予了一种带有宗教色彩的祭器、法器的角色，并起着营造气氛、宣导沟通的作用。由于祖先对卵形中空物崇拜，埙又被赋予了葬器（脏器）的角色。这两个角色的存在，使埙在商代呈现出兴盛状态。

（4）导语

犹如我们的祖先，我们今天将埙赋予新的意义，利用其独特的器形特点，被赋予了第二性征女性乳房的想象。想象一下，它是我们女性身体特有的一部分，丰盈、空灵，当它与我们的唇吻合时，发出的声音是什么，是不是我们的身体和灵魂告诉我们的信息？请我们轻轻的闭上眼睛，用手抚摸手中的埙，感受它真实的存在，想象一下，它就是我们身体的一部分，试着用唇亲吻它，吹出的音声是什么？这个声音告诉我们什么？

9.6.2　综合实践：大学生失落与悲伤议题的艺术疗愈团辅方案

生与死是再自然不过的生命轮回，每日都有人故去，每日亦有小宝宝降生，人类就是这样生生不息。亲人的离去和一些其他失落的经验固然会给我们带来伤痛，但也会使我们的心灵渐渐成熟起来，变得更加细腻与丰富。时光可以愈合伤口并且永远地记下生者对逝者的怀念，而好的纪念便是——每一个活着的人，都非常珍惜活着的每一天，非常珍惜彼此相处的每一个时刻，让生命焕发出光彩！

大学生的失落与悲伤议题，亦被视为成长的契机，以此理解与敬畏生命，安住与珍惜当下，活出自己想要的人生。

9.6.2.1　注意事项

（1）带领者须知
带领失落与悲伤团体的引导员应该要先检视自己过去的失落、悲伤经验，真诚地反省及面对自己的感受与信念，才有可能对团体的反应更开放，并减少负面影响团体成员的可能性。

1）主要任务

①呈现对失落经验的正向健康观念。

②以正确的态度呈现事实。

③以符合大学生心理发展阶段及适应其现实情况的方式呈现。

④营造安全开放的团体气氛。

2）基本态度与要点

①提供明确、清楚、简短的叙述。

②诚实及关爱。

③花时间听学生们的讨论。

④在参与每项活动前，先描述清楚活动内容。

⑤成员自由感受及表达各种可能的情绪。

⑥回顾成员在每次活动及每次团体的学习。

⑦从成员的参与态度与反应中，观察其个别悲伤阶段与特殊需求。

（2）团体成员的筛选

1）适合人选

①正在经历失落、悲伤的经验者。

②在学校社交及学业上未表现极端的适应不良。

③有困难悲伤（如过度谈论哀伤或表现如无事发生）。

④呈现忧郁现象。

2）不适合团体者，可能需要个别帮助的情况

①有怪异行为：如自我伤害、残害动物、自杀意图等。

②常有恐慌反应，或对失落经验仍在震惊反应阶段。

③表现严重违反社会常规的偏差行为。

④退缩、拒绝与其他同学互动。

⑤拒绝上学。

（3）团体目标

团体旨在帮助成员。

①学习失落与悲伤是生命中的某些必然层面。

②拥有开放安全的情境去表达自己的感受与想法。

③获得正确的讯息以建立健康的态度面对失落、悲伤经验。

④学习新的适应技巧，重新面对生活。

⑤从团体中获得支持与力量。

（4）团体进行时间

每次约两个小时，共四次。

（5）团体成员

六至十人大学生。

（6）团体带领人

两人，一人为主要领导员，负责团体活动的进行，另一人为助教，协助处理成员的情况以利团体的进行。

（7）团体模式

1）主题制定

以四个单元为一循环。

①团体初相识，面对改变的调适。

②失落的阶段。

③特别回忆。

④告别失落、祝福与启程。

2）领导员工作

①预习团体进行内容。若有需要，可做备忘卡。

②准备所需材料。

③提前五分钟到，准备放置好暖身游戏的材料（开放式陈列）。

④每次团体后应做评估与记录。

9.6.2.2 单元一：团队初相识，面对改变的调试

（1）目标

①此次团辅的目标介绍，成员认识彼此。

②成员开始谈论生活中的失落经验，分辨失落经验对自己的生活产生何种改变。

③多种形式的失落经验，并指认个人失落经验的正、负向意义。

④帮助成员发展技巧适应失落，思索失落经验对个人有何改变及影响。

（2）所需材料

24色油画棒、24色丙烯马克笔、A4纸每人一张、每人一支笔、解忧百宝箱、拼图。

（3）过程

1）暖身

自由绘画，熟悉媒材，随音乐（自然白噪声）在白纸上自由绘画、涂鸦。暖身活动为每次团体开始的方式。

2）背景形成

①自我介绍。

②澄清团体形成的原因，以及大家为何在此。

③简略说明团体进行的模式（时间、地点、人员、为期多久、进行的方式），以及成员在此团体的可能经验。

3）制订共同团体规则

①鼓励成员脑力激荡。

②若成员未能列举重要团体规则，领导员要适时介入探讨帮助订定。

③重要团体起始规则应包含：

a.在团体里谈的话皆要保密。

b.别人说话时要专心地听。

c.轮流，一次一个人讲。

d.不可以嘲笑或批评别人。

e.参与全部单元是很重要的。

4）团员介绍

建议活动：制作自己的名牌，自己给自己起个想在这个团体中被称呼的名字，并在纸上写出来，也可加入图案和标志进行装饰。每人制作完毕，依次介绍。

5）带入失落主题

①领导者说明团体的聚会原因乃是每个人都有失去宝贵亲人、朋友或物品的经验。

②领导者分享一个自己的失落经验作为示范。

③以一幅拼图（掉落数块二三十个的）来引发成员对失落一部分的感觉，据领导者的引导，画出或写出所想到的各种失落经验，并鼓励成员分享自己的失落经验与感受。

④两人一组进行分享。对于自己的失落经验，最困难的部分是什么？对于自己的失落经验，感到平静的部分是什么？失落经验对他的生活造成何种改变？

⑤请成员分享他们的讨论，领导者写或画在大海报上。

⑥全体人员一起讨论对不同影响、改变的想法。

⑦设计一个可以安慰自己的符号或者标志，画出放入自己的画或文字中，开启自我的关怀与抚慰。

6）介绍"解忧百宝箱"

①领导员事先准备好空的纸盒，稍做装饰（有接纳、温馨、抚慰感的装饰）。

②告诉成员在未来的每次团体中，这个盒子的摆放位置。

③成员有对于失落、悲伤、死亡等等有关的问题都可以写下来，不用写上名字，放进"箱"中，领导者在每次团体结束前会做回答。

④领导者可善用此设计，将在团体中观察到的问题，感受到成员可能的疑虑，用匿名的方式呈现出来，使领导者有机会处理团体潜藏的问题。

7）结束

请每位成员说说对今天团体的感受与想法。

9.6.2.3 单元二：失落的阶段

（1）目标

①帮助成员了解失落的阶段。

②帮助成员了解每个人都会经历某些阶段并一起渡过某些阶段。

（2）所需材料

①大海报纸上写好失落的阶段（否认；生气；讨价还价；忧伤；接受）。

②心形贴纸每人一张。

（3）过程

1）暖身

安排十到十五分钟自由游戏时间。

回顾上一单元，导入本单元。鼓励成员有想法就表达。

2）介绍失落阶段

①说明研究对人在面对失落、悲伤的历程的了解。

②展示海报辅助说明。

这五个阶段并不是循序渐进的，不一定会很顺利地从一个阶段向另一个阶段过渡，可能会相互交叉，但是总体上，个体面对死亡会经历这五个阶段。

③强调并非每个人都一定会经历每一个阶段；阶段经验的次序可能因人而异；经验过的也有可能因特殊情境而再循环重新经历（如逝者之生日、忌日等）；让成员了解如果自己有特殊的经验是没有问题的。

3）艺术疗愈活动：我的心在哪里？

①发给每人一张心形贴纸，请他们写上名字。

②放轻柔音乐，陪伴大家一起回顾失落发生的开始、经过，以及现在自己的情绪感受。

③请成员想想现在自己的情况，将心形贴纸贴于相符合的哀伤阶段上（大海报上）。

④请成员分享自己的情况。

4）活动：帮帮她

①让助教扮演有失落经验的成员，根据不同阶段特色来描述行为表现及情绪反应，助教跟随扮演。

②在描述完每一个阶段，鼓励成员脑力激荡，一起想想，有什么方法可以帮助她走出那个失落的阶段。

5）结束

①请成员分享今天印象最深刻的一个学习以及回家愿意尝试的一个积极行动。

②回答解忧箱中的问题。

③预告下一主题：特别的回忆。

9.6.2.4 单元三：特别的回忆

（1）目标

①鼓励成员回想所有关于失去的人、事、物的相关回忆。

②制作回忆盒，整理与表达其怀念与经验。

（2）所需材料

故事书《爷爷有没有穿西装》、纸、24色彩色笔（丙烯马克笔、油画棒）、彩色纸、剪刀、胶水、装饰材料（亮片、彩色毛球、贴纸等）、有盖心形纸盒（每人一个）。

（3）过程

1）暖身

安排十到十五分钟自由游戏时间。回顾上一单元，转入本单元。鼓励成员有想法就表达。

2）说故事时间：爷爷有没有穿西装（生死议题绘本）

①念故事书给成员听。

②讨论：爷爷在主人公心里有没有消失？为什么？

③请大家想一想，分享自己从失落的人/事/物中，获得过什么"礼物"？

④讨论："有什么事可以帮我们记住一个人？"

3）制作回忆盒

①告诉成员今天要为失落制作一个回忆盒，可以利用材料装饰制作自己的回忆盒。

②成员轻松愉悦地使用剩下的时间制作回忆盒。

4）结束

①鼓励成员发挥创造力去使用回忆盒来收集对失落的人/事/物的特殊怀念，可以提供简短的建议、讨论（如相片、图片、歌曲、物品等，无法拿到的用写的或画的表示）。

②回答解忧箱中的问题。

③预告下一主题。课后收集回忆盒的东西，下个单元带回来分享。

"告别失落、祝福与启程"为辅导的最后一次会面，为告别做准备。

9.6.2.5 单元四：告别失落、祝福与启程

（1）目标

①给成员提供机会整理自己对失落的人/事/物的怀念，以象征性的方式，告别失落。

②帮助成员了解即使失去了宝贵的人/事/物，他们还是可以拥有特殊的怀念，也可以一辈子保留怀念在心里。

③整理团体的经验与学习，帮助成员开始预想未来之适应计划。

④提供团体结束过程，以让成员感觉完成对失落的妥善处理。

（2）所需材料

彩笔、彩纸（可降解）。

（3）过程

1）暖身

安排十到十五分钟自由分享时间。回顾上一单元主题，请大家分享自己的回忆盒内容，并解释其为何特别。

①鼓励也提醒大家怀念失落的人、事、物，可以有很特别的属于自己的方式。

②彼此分享回忆盒的内容及做回馈。

③虽然我们失落了对我们重要的东西，但是回忆盒中的收集可以帮我们记住它带给我们的记忆，只要愿意，我们可以一辈子保有这些回忆。

2）活动：有话告诉你

①发彩色纸给成员，写下或画下如果失去的人/事/物能知道，自己想要、或必须要告诉他/它的事（若需协助，可以代写）。

②教大家把写好的彩纸折成纸船（图9-7）。

③带大家至可放纸船的地方（可是校园中的湖边或安全水系的位置，如没有水域，可选氢气球等，完成"放飞"的告别仪式。此仪式至关重要，不可省略）。

团体找好位置。数到三，大家一起"放走纸船"。大家一起大声说"再会"。照相片，洗给成员"再见了"的纸船相片。

3）团体结业派对

①准备点心、饮料给成员享用，顺便观展四次历程的作品，大海

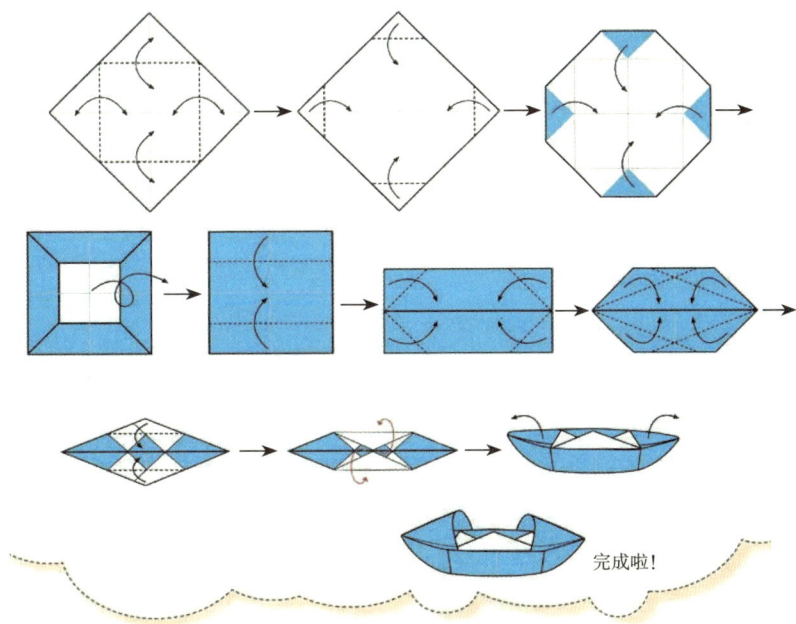

完成啦!

图9-7　折纸船

报、解忧箱,每人画作展示等。

②自由交谈、分享关怀。

4)团体讨论时间(与派对可交叉进行)

①请成员想想,假使失落的对象收到他寄的纸船,读了信,会有什么话想告诉他?

②领导员带领成员回顾过去所谈论过的主题。

③鼓励成员分享自己从团体中学到的重要的经验。

5)结束

①回答解忧箱的遗留问题。

②完成句子:参加这个团体,我想做但没机会做的是_____。而我最喜欢/收获最多的是_____。

③每个人都轮流接受团体成员给他(她)的特别祝福。以团体拥抱方式道别结束。

领导者可以类似如下的总结、升华、赋能。

悲伤与失落的阴云或许曾笼罩了你的天空,让你在泥沼中徘徊。然而现在,我们明白,每一次的挫折与失去,都是生命赠予我们的一份厚礼。那些深夜里的泪水,是星辰为我们落下的温柔,它们洗净了尘埃,点亮了内心的勇气。悲伤,如同冬日的雪花,纯净而深沉,它们悄然融化,滋养了我们生命的土壤。

我们同在,用艺术无声的陪伴温暖彼此的心灵。我们不孤单,我们的力量源自内心的坚韧与信念。当勇敢地迈出一步，我们发现，前方的路正逐渐变得清晰而明亮。

所以，请继续前行吧，亲爱的朋友们。让悲伤的泪水化作智慧的露珠，让失去的痛苦成为我们前行的动力。相信在未来的日子里，我们都将书写属于自己的辉煌篇章，绽放出自己的独特光芒。深深的祝福与爱送给一起陪伴成长的每一位伙伴。

衍生阅读与观影

通过影视作品了解死亡给生命带来转变的时刻。

导入影视作品：《遗愿清单》《入殓师》《生命的礼物》《直视骄阳》《浮生一日》。

第十课

生命的成长与联结

问题的提出

1.在你成长的关键节点中，你是如何做出选择的？这些选择对你的意义是什么？

2.你是如何理解成长过程中，不同阶段的任务与要求的？

3.你在完成这些任务与要求时，是否理解你与家庭之间有哪些纽带关系？

知识点

基本理论	表达性疗愈媒介	目标
生命成长周期理论	沉浸式疗愈音乐会。音乐会将器乐、声乐、舞动、绘画等多类艺术元素融为一体，结合灯光、舞美等人机交互的最新成果，在疗愈师的引导下，营造出开放的疗愈空间，将情感情绪与音乐会的场景有效地链接，帮助参与者缓解压力，释放情绪，感知当下	理解生命成长过程中，不同阶段的独特的生理、心理和社会特征，以及面临不同的发展阶段的任务需要学习的新技能、建立社交关系、形成身份认同、实现职业目标等
家庭生命周期理论		理解一个家庭从形成、发展到解体的循环运动过程，从结婚、生育、抚养未成年子女，直到衰老和死亡等人口变动的主要内容，并将这些变化与每个成员之间交互作用并相互关联，全面诠释和解读家庭系统中的各种角色和互动之间的规律和机制

10.1

生命成长周期理论

生命成长周期理论是一个关于个人生命发展阶段的模型，它描述了从出生到死亡整个生命过程中生命个体所经历的一系列发展阶段和变化。不同的理论和研究，对生命成长周期具有不同的划分。例如，有些理论将生命周期划分为婴儿期、儿童期、青春期、成年早期、成年中期和老年期等阶段。每个阶段都有其独特的生理、心理和社会特征。在每个阶段，个体都面临不同的发展任务。这些任务可能包括学习新技能、建立社交关系、形成身份认同、实现职业目标等。成功完成这些任务有助于个体健康成长，并为其后续阶段的发展奠定基础。生命成长周期是一个连续的过程，每个阶段都建立在前一个阶段的基础上。个体在每个阶段所经历的经验和变化都会对其后续阶段产生影响。

在生命成长周期理论中，最具代表性的是美国著名精神病医师埃里克森的"个体发展模型"，他将生命成长周期划分为八个阶段，每个阶段都有其独特的发展任务和矛盾冲突。模型强调了生命周期中个体与社会环境之间的相互作用，并提供了对个体发展过程中可能出现的问题和挑战的见解。

埃里克森提出的心理社会发展理论认为：人的自我意识发展持续一生，并把这个发展过程划分为八个阶段，这八个阶段的顺序是由遗传决定，但是每一阶段能否顺利度过却是由环境决定。

以下是埃里克森人格发展理论的八个阶段：

婴儿期（0～1.5岁）：基本信任和不信任的心理冲突。这一阶段孩子开始认识人，父母是否出现是建立信任感的重要问题。信任在人格中形成了"希望"这一品质，它起着增强自我的力量。

幼儿期（1.5～3岁）：自主与害羞（或怀疑）的冲突。儿童开始有意识地决定做什么或不做什么，父母必须承担起控制儿童行为使之符合社会规范的任务，同时也要尊重儿童的自主感。

学龄初期（3～6岁）：主动对内疚的冲突。如果幼儿表现出的主动探究行为受到鼓励，幼儿就会形成主动性，这为他将来成为一个有责任感、有创造力的人奠定基础。

学龄期（6～12岁）：勤奋对自卑的冲突。儿童在这一阶段开始在学校接受教育，如果他们能顺利地完成学习课程，他们就会获得勤奋感，这使他们在今后的独立生活和承担工作任务中充满信心。

青春期（12～18岁）：自我同一性和角色混乱的冲突。一方面青少年本能冲动的高涨会带来问题，另一方面更重要的是青少年面临新的社会要求和社会的冲突而感到困扰和混乱。所以，青春期的主要任务是建立一个新的同一感或自己在别人眼中的形象，以及他在社会集体中所占的情感位置。

成年早期（18～40岁）：亲密对孤独的冲突。只有具有牢固的自我同一性的青年人，才敢于冒与他人发生亲密关系的风险。因为与他人发生爱的关系，就是把自己的同一性与他人的同一性融合一体。这里有自我牺牲或损失，所以必然会带来种种新的恐惧和疑虑。

成年期（40～65岁）：生育对自我专注的冲突。当一个人顺利地度过了自我同一性时期，以后的岁月他将致力于充实的自我与圆满的他人之间的关系，来获得繁殖感，即生殖感、通过生育来繁衍后代，关心和指导下一代。

成熟期（65岁～死亡）：自我调整与绝望期的冲突。由于衰老过程，老人的体力、心力和健康每况愈下，对此他们必须做出相应的调整和适应，所以被称为自我调整对绝望感的心理冲突。

埃里克森的生命成长周期理论为不同年龄段的教育提供了理论依据和教育内容，为我们提供了一个框架来理解和描述个体在整个生命过程中所经历的发展阶段和变化。通过了解不同阶段的特征和任务，我们可以更好地规划自己的生活和发展路径，并应对可能出现的挑战和困难（表10-1）。

表 10-1　埃里克森的生命成长周期

阶段（年龄）	冲突	显著关系	重要事件	品质	存在问题
婴儿期（0~1.5岁）	信任与不信任	母亲	喂食	母亲	我能不能信任这个世界？
幼儿期（1.5~3岁）	自主与害羞（或怀疑）	双亲	如厕训练自行着装	意志	我可不可以成为我自己？
学龄初期（3~6岁）	主动对内疚	家庭	探索、使用工具或创作艺术	目的	为我自己而做、移动和行动是可以的吗？
学龄期（6~12岁）	勤奋对自卑	邻居、学校	学校活动、运动	能力	我能不能为全世界的人与事物做什么事？
青春期（12~18岁）	自我同一性与角色混乱	同侪、模范	社会/人际关系	忠诚	我是谁？我能成为什么？
成年早期（18~40岁）	亲密对孤独	朋友、伴侣	亲密关系	爱	我能不能去爱？
成年期（40~65岁）	生育对自我专注	家庭成员工作伙伴	工作与育儿	关怀	如何完成我所认为的人生？
成熟期（65岁~死亡）	自我调整与绝望期	人类我的同类	回顾人生	智慧	对于成为我自己的过程是否满意？

10.2

家庭生命周期理论

生命成长周期理论的一个重要分支是家庭生命周期理论。它是描述一个家庭从形成、发展到解体的循环运动过程的理论。在家庭生命周期的各个阶段，家庭成员会扮演不同的角色，并面临不同的角色期待。这一理论由多位学者提出和发展，最初由美国人类学家P·C.格利克（P.C. Glick）于1947年提出，后来经过多位学者的补充和完善，其中包括希尔（R. Hill）和汉森、杜瓦尔（E.M. Duvall）、罗伊·H.罗杰斯和埃尔德等人。家庭生命周期理论，它涵盖了从结婚、生育、抚养未成年子女，直到衰老和死亡等人口变动的主要内容，并将这些人口学因素有机地综合在家庭的发展过程中进行考察。

家庭生命周期一般可以分为六个阶段（图10-1）：

图10-1　家庭生命周期

形成期（结婚期）：在这个阶段，主要任务是建立婚姻关系，将配偶关系融入个人的关系网络中。新婚夫妇需要相互适应、磨合，共同面对生活中的各种挑战，并建立起相互信任、理解和支持的基础。

扩展期（生育期）：随着孩子的出生，家庭进入扩展期。在这个阶段，主要任务是调整家庭互动，接受家庭新成员，并共同承担抚养子女的责任。父母需要关注孩子的成长和发展，为孩子提供良好的成长环境和教育资源。

稳定期（学龄期）：当孩子进入学龄期，家庭进入稳定期。在这个阶段，主要任务是支持孩子的学业发展，帮助他们建立独立的人格和价值观。同时，父母也需要关注自身的职业发展，为家庭创造更好的经济条件。

收缩期（青少年期）：随着孩子进入青春期，家庭进入收缩期。在这个阶段，主要任务是帮助青少年子女建立独立的人际关系，允许他们拥有独立的世界。同时，父母也需要重新关注中年婚姻关系和事业，以及开始照顾老年父母。

空巢期（成年期）：当孩子离家独立生活后，家庭进入空巢期。在这个阶段，主要任务是解决中年问题，与子女协商成年发展问题，并重新适应二人世界的生活。同时，父母也需要开始面对衰老和死亡的问题，关注自身的健康和养老问题。

解体期（老年期）：随着父母年龄的增长和健康状况的变化，家庭可能进入解体期。在这个阶段，主要任务是关注老年父母的养老和医疗问题，以及处理遗产和继承问题。同时，家庭成员也需要相互支持和关爱，共同面对生活中的各种挑战和困难。

需要注意的是，每个家庭的情况都是独特的，因此在实际生活中可能会存在不同的阶段划分和任务安排。此外，家庭生命周期理论也只是一个理论框架，不能完全预测或解释每个家庭的发展过程和结果。家庭生命周期理论在市场营销学、社会学、人类学、心理学乃至与家庭有关的法学研究中都具有意义。

10.3
艺术疗愈实践：沉浸式艺术疗愈音乐会

10.3.1　策划

（1）主题设定

围绕生命教育主线确定音乐会主题，主题的设定决定音乐会的整体风格和内容。

（2）音乐选择

根据主题，选择合适的音乐作品，重点放在疗愈的效果体验。作品可以是古典音乐、流行音乐、原创音乐等各种风格。为确保这些音乐作品能更好地反映出我们的主题，我们重点放在调动观众的五感六觉，在聆听、觉察、理解、顿悟、悦纳、成长的过程中，促进观众心灵和灵魂的交流，达成疗愈之目标。

（3）表演者选择

表演者是由心理疗愈师引领，专业的艺术家、在校艺术类学生共同演绎。

（4）场地布置

沉浸式艺术疗愈音乐会场地重点在于强调观众与艺术家、观众与观众之间的互动性。场地可以是音乐厅，也可以是剧院、博物馆，甚至是户外的广场。我们需要确保场地的音响和灯光设备能够满足疗愈音乐会的需要，并且场地的布局能够让观众有良好的疗愈体验。故沉浸式疗愈音乐会通常为非传统舞台的形式，观众分为内外场两个部分，内场的观众和艺术家融为一体，外场观众也可以加入内场参与表演，意在强调艺术家和观众心流的互通。同时，音乐会的过程可以增加其他类别的艺术疗愈内容，如团体绘画、舞动、增强现实等元素。

（5）宣传推广

由于沉浸式艺术疗愈音乐会的设置是基于心理学的理论与逻辑，存在伦理道德的规范要求，组织者需要对观众在沉浸式艺术疗愈音乐会认知方面做必要的科学普及，我们将传统媒体和新型媒体相结合，确保观众在走进音乐厅前，对艺术疗愈音乐会的设置和特点有基本的了解。

10.3.2 实施

（1）开场

音乐会开始时，疗愈师介绍音乐会的主题、表演者以及疗愈音乐会注意事项。以冥想正念的方式引导观众进入安静安全放松的状态。

（2）音乐表演

表演者会根据预定的顺序演奏音乐作品。在每个作品之间，疗愈师会进行艺术疗愈的引导与介入。

（3）结束语

疗愈师会用结束语来感谢观众的参与和支持，结束语需要尽可能调动全场观众的情绪在积极愉悦的氛围中离场。

（4）观众离场

音乐会结束后，观众可以离开场地。

（5）观察者

通常我们会邀请2~3名具有疗愈经验的咨询师作为观察者，一方面配合艺术疗愈师引导观众参与活动之中，另一方面是观察观众们的情绪变化，对有可能发生特殊情绪的观众给予帮助。

以上就是音乐会的策划案和基本流程。需要注意的是，这只是一个基础框架，具体策划和执行需要根据实际情况进行调整。

10.3.3 案例：T大学《对话生命》艺术疗愈音乐会

导语：各位观众，随着音乐会开场铃声的响起，我们即将开启一段音乐与生命的对话。请关闭手机或调至静音。

请在场的朋友们调整坐姿，找一个舒适的体位，或坐或躺，总之，只要你感受到安全、放松就好，请放松肩颈，调整我们的呼吸，将气息带入丹田，感受气流在全身流动的状态，轻轻闭上眼睛，并安住当下。

本场音乐会将以音符为主线，串联绘画、舞蹈、光影艺术等多元形式，为在其中的我们创造一个沉浸式安全的感知空间。这里没有唇语言说，没有成形排列的文字和你来我往的交流，是一次特定的非语言形式的生命对话。进入其中，充分调动你的五感六觉，用力听、用心看，尽情释放你的内在自我，保持松弛、真实的状态。也许你会哭、会笑、会疾速奔走、会空耳欲鸣，抑或是坐立沉思，也请让你的情绪本身慢慢流淌、幻变，在原本属于生命的韵律中积蓄疗愈力量。

感知过程中，也请你放空大脑、抛开角色禁锢。无论你平时是孩子、父母，还是恋人、同学，抑或是朋友、同事……此时此刻当下的你，请卸下所有角色扮演，你属于真实的你自己。在预计持续一个小时的音乐会中，请试图在同一空间内与多重情感碰撞，捕捉生命旅程中不同瞬间的感受——快乐、喜悦、悲伤、痛苦、平静、挣扎，诸如此类的情绪都将被觉察、理解、顿悟、接纳甚至是被整合。

音乐即将响起，一场艺术疗愈音乐会场域中的情感共鸣，一次幻化如水的生命对话之旅即将启程，接下来让我们共同聆听、共同感受。

音乐会曲目（60分钟）：

篇章一 | 生命的孕育与成长

灯光视觉：绿色的青草地，营造充满生命力的场景。

舞动：巴赫部分运用肢体动作表达生命的孕育，演绎出生命的起源。莫扎特部分通过音乐主题的12个变奏表现出人不同的性格（开朗、热情、内向、忧伤……）。

导语：生命起于欣快，新生隐喻期待。每个变奏点中蕴含的是未知的憧憬、是结晶的期许、是呢喃许久的耳鬓思念、是怀捧十月的初次见面。你好，新生命！你好，新世界！

从母体中降生的你，即将开启属于你的旅程，也即将书写独属于你的"我与世界说"。

开篇的作品选自德国作曲家巴赫的钢琴作品《羊儿安静地吃草》。巴赫的音乐充满爱意，神圣宁静，在绿色的光影下营造出生命的生机勃勃，肢体配合着音律演绎了生命的孕育，展现新生命带来的希望与喜悦（图10-2）。

图10-2 巴赫《羊儿安静地吃草》

奥地利作曲家莫扎特的钢琴作品《小星星变奏曲》，由主题及12个变奏组成，每个变奏都传达出迥异的个性和情绪，各位演员表现出不同的性格，体味着生命在成长过程中的喜怒哀乐（图10-3）。

图10-3 莫扎特 《小星星变奏曲》

篇章二 | 生命中的期待与丰富

灯光视觉：黄色。

舞动：表现8种不同性格的人在此时交汇于同一时空下，每个人在成长的过程中会遇到相同的、不同的情境，他们在尝试、在摸索，慢慢地走出了自己的人生轨迹。

导语：人生不是轨道，而是旷野。放眼望去有烂漫花海，也有繁华都市；是街景小巷，也是古道人家。面向大海春暖花开的路途，每一时、每一刻的探索与尝试，都是生命意义的界碑。但那被遮挡住的尽头，也似有低声传来的询唤。接下来也请你走得快些，去见更多的人、去看更多的风景，当然也别忘了收藏在角落和夹缝里的冷暖。

捷克作曲家德沃夏克的《幽默曲》有着诙谐的曲调，也有着无奈的旋律，音乐充满了戏剧性与冲突感。此时不同性格的演员交汇于同一时空之下，在或相同或不同的人生境遇之下开始了各自人生的尝试与摸索（图10-4）。

音乐剧《变身怪医》著名选段《这是我的时刻》（*This is the Moment*）由声乐与钢琴进行碰撞。歌声和着琴音，表达出了生命的激昂和青春的张扬。

图 10-4　德沃夏克　《幽默曲》

篇章三 ｜ 生命的拼搏与热烈

灯光视觉：深蓝色、橙色。

舞动：奔放的舞蹈，邀请观众一起翩翩起舞，感受生命的热烈。

导语：像是一趟疾速而过的列车，恍然一瞥窗外后退的风景。在街角那个常去的咖啡馆，也许你曾邂逅爱情，总愿把最美的花别在他/她发间；在落日照得见的路边长椅上，也许你曾自问亲人为何会故去，总能守着余晖到路灯亮起。不必徘徊，不必忧伤，其实回家路上的你，行囊里早已是收获满满——拾获了勇气，更加懂得珍惜，越发善待周遭。请继续向前，走在日子中央。

肖邦的音乐给人以诗情画意的旋律、丰富绚丽的声音色彩、细腻的情感表达、如诗如画的情境著称。在前奏曲 No.15《雨滴》中，持续音的弹奏恰似雨滴敲打窗户，表达出富有层次的生命情感。伴随着圆舞曲欢快的情绪，演员跳起奔放的舞蹈，邀请观众一同加入，尽情感受着生命的热烈（图 10-5）。

图 10-5　肖邦　钢琴前奏曲 No.15《雨滴》

《唯有懂得相思的人》（*Nur wer die Sehnsucht kennt*）是由奥地利作曲家舒伯特创作的艺术歌曲。深蓝色的灯光之下，女高音歌唱家讲述了出生命中的痛苦与孤独（图10-6）。

图10-6　舒伯特　声乐作品《唯有懂得相思的人》

德国作曲家贝多芬的音乐坚定、果敢，具有深厚的震撼力。贝多芬在《月光》奏鸣曲中描写了冥想的、沉思的、安静的、温柔的、挣扎的、热烈的情绪……在演奏这首作品时，老师随着音乐开展了沉浸式绘画。观众在演员的引导之下，跟随音乐的变化用即兴涂鸦记录当下的心情。表演整体传递出深刻的内心思考、丰富的情绪交织以及生命的勇气（图10-7）。

图10-7　贝多芬　钢琴奏鸣曲《月光》

篇章四 | 生命的回顾

灯光视觉：橙色灯光营造氛围，最后灯光聚焦在演奏家及歌唱家身上。

舞动：引导观众，放松身心，感受大自然的味道，体会生命中的相互关爱。

导语：回顾人生历程，喜怒哀乐、悲惧忧愤，像是一幕幕幻灯片，在相遇中形变，在渐变中流逝；像是一首首旋律，在跌宕中颠簸，在波折中趋缓。夹杂其中的，既有荷月戴星般的奋斗时光，你我不曾因碌碌无为而羞愧；也有寝食难安般的焦虑时光，总会因失之交臂而神伤。悲喜交叠、冷暖自安，生命也许未曾交托语言足够的本领，说尽那不为外人道的机巧。

《明天》（Morgen）是德国浪漫派作曲家理查·施特劳斯的艺术歌曲，由女高音、小提琴与钢琴共同演奏。在橙色灯光的氛围渲染之下，作品展现了爱的承诺和美好憧憬（图10-8）。

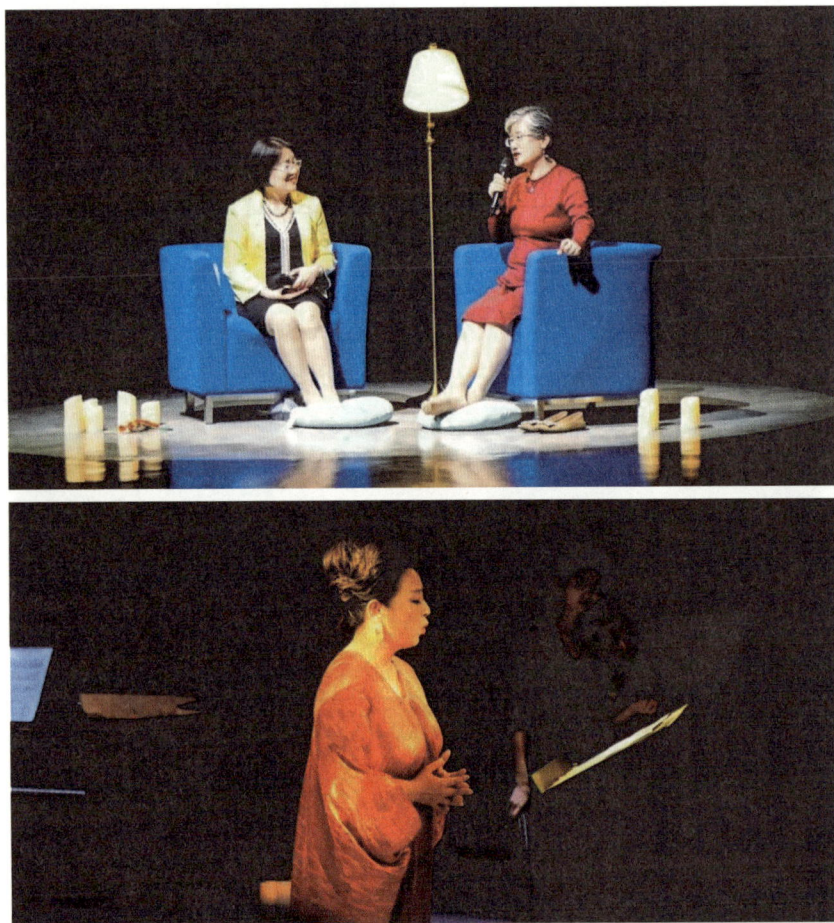

图10-8　理查·施特劳斯　声乐作品《明天》

　　之后的作品是德国作曲家勃拉姆斯的《间奏曲Op.119》，整首作品被温暖的旋律及极具包容性的和声所环绕，此时加入身体表达引导观众放松身心去慢慢感受生命中的关爱与美好（图10-9）。

图10-9　勃拉姆斯　《间奏曲Op.119》

　　最后一首作品是巴赫的《前奏曲》，伴随着声乐的哼鸣，灯光只剩一束光亮，我们感受生命、品味生命、追忆生命，体会其中的真善美（图10-10）！

图10-10　巴赫　声乐作品《前奏曲》

　　在沉浸式音乐会中，加入团体绘画，由疗愈师带领观众，在音乐会期间共同完成《人生四季》的创作，为观众提供一个更加多元和丰富的体验，帮助参与者更好地表达自己的情感和情绪（图10-11）。

图 10-11　团体绘画《人生四季》

通过绘画，将音乐所引发的情感具象化，加深对自己内心世界的认知，促进参与者之间的交流，在共同创作的过程中，分享彼此的感受，建立更加紧密的联系和信任。在这样的环境中，我们可以放下日常生活的压力和烦恼，专注于艺术创作的过程，从而达到身心放松和治愈的效果（图 10-12 ~ 图 10-22）。

图 10-12　疗愈音乐会现场

图 10-13 疗愈师带领

图 10-14 冥想

图 10-15 疗愈音乐会

图 10-16 参与者互动

图10-17　音乐叙事

图10-18　疗愈师与孩童互动

图10-19　疗愈师与参与者互动

图10-20　疗愈音乐会现场团体绘画

图10-21　音乐会场

图10-22　疗愈音乐会作品

结束语：生命会浸融在每时每刻，此情此景也会在当下成为珍贵回忆！音乐会到此就要落下帷幕了，属于你我的人生仍在大步向前。走出大厅，请让生命之水继续静谧流淌，莫恋烟云繁华、似求春夏悠渡。谢谢大家，祝大家晚安！

参考文献

[1] 王炳社. 隐喻艺术思维研究［M］. 北京：中国社会科学出版社，2011.

[2] 米德. 心灵、自我与社会［M］. 赵月瑟，译. 上海：上海译文出版社，2004.

[3] 吉沅洪. 树木—人格投射测试［M］. 3版. 重庆：重庆出版社，2017.

[4] 赵昱鲲. 无行动，不幸福［M］. 沈阳：万卷出版公司，2022.

[5] 高岚. 荣格文集［M］. 长春：长春出版社，2014.

[6] 芭芭拉·弗雷德里克森. 积极情绪的力量［M］. 王珺，译. 北京：中国人民大学出版社，2010.

[7] 马丁·塞利格曼. 真实的幸福［M］. 洪兰，译. 杭州：浙江教育出版社，2020.

[8] 辛格. 清醒地活：开启最高版本的自己［M］. 曾早垒，译. 南京：江苏凤凰文艺出版社，2016.

[9] 肯·戴奇沃迪. 身心合一［M］. 邱温，译. 北京：当代中国出版社，2010.

[10] 姚玉红，吴双磊. 你好，生命［M］. 北京：人民邮电出版社，2023.

[11] 陆晓娅. 影像中的生死课［M］. 北京：北京师范大学出版社，2016.

［12］欧文·D. 亚隆. 存在主义心理治疗［M］. 黄峥, 张怡玲, 沈东郁, 译. 北京: 商务印书馆, 2015.

［13］厄内斯特·贝克尔. 死亡否认［M］. 林和生, 译. 北京: 人民出版社, 2015.

［14］所罗门, 格林伯格, 匹茨辛斯基. 怕死: 人类行为的驱动力［M］. 陈芳芳, 译. 北京: 机械工业出版社, 2016.

［15］戈特曼, 西尔弗. 幸福的婚姻［M］. 刘小敏, 译. 杭州: 浙江人民出版社, 2014.

［16］孟. 亲密关系, 通往灵魂之桥［M］. 张德芬, 余蕙玲, 译. 长沙: 湖南文艺出版社, 2015.

［17］斯科特·西蒙·费尔. 团体治疗中的101项心理干预措施［M］. 2版. 徐超凡, 译. 北京: 中国人民大学出版社, 2023.

［18］埃里希·弗洛姆. 逃避自由［M］. 陈学明, 译. 北京: 工人出版社, 1987.

［19］箱崎总一. 论孤独［M］. 徐鲁扬, 等译. 南京: 译林出版社, 1988.

［20］马斯洛. 动机与人格［M］. 3版. 许金声, 等译. 北京: 中国人民大学出版社, 2007.

［21］苏·史都华－史密斯. 你的心, 就让植物来疗愈［M］. 朱崇旻, 译. 台北: 究竟出版社, 2021.

［22］迈克尔·萨缪尔斯, 玛丽·洛克伍德·兰恩. 艺术心理疗法［M］. 傅婧瑛, 译. 北京: 人民邮电出版社, 2021.

［23］张志学. 家庭系统理论的发展与现状［J］. 心理学探新, 1990 (1): 31-34.

［24］易春丽, 钱铭怡, 章晓云, 等. Bowen系统家庭的理论及治疗要点简介［J］. 中国心理卫生杂志, 2004 (1): 53-55.

［25］陈灿锐, 高艳红, 郑琛. 曼陀罗绘画心理治疗的理论及应用［J］. 医学与哲学, 2013: 34 (10): 19-23.

［26］鲁宾. 艺术治疗取向大全: 理论与技术［G］. 陆雅青, 等译. 台北: 心理出版社, 2019.

［27］张小伟. 弗洛姆孤独理论研究［D］. 桂林: 广西师范大学, 2007.

［28］周彬. 艺术疗愈概论［M］. 北京: 中国纺织出版社, 2023.

［29］GILLIES J, NEIMEYER R A. Loss, grief, and the search for significance: Toward a model of meaning construction in bereavement［J］. Journal of Constructive Psychology, 2006: 19（1）: 31−65.

［30］GREENBERG J, SOLOMON S, PYSZCZYNSKI T. Terror management theory of self−esteem and cultural worldviews: Empirical assessments and conceptual refinements［J］. Advances in Experimental Social Psychology, 1997: 29: 61−139.

［31］PYSZCZYNSKI T, GREENBERG J, SOLOMON S. A dual− process model of defense against conscious and unconscious death− related thoughts: An extension of terror management theory［J］. Psychological Review, 1999: 106（4）: 835−845.

［32］DECHESNE M, GREENBERG J, ARNDT J, et al. Terror management and the vicissitudes of sports fan affiliation: The effects of mortality salience on optimism and fan identification［J］. European Journal of Social Psychology, 2000: 30（6）: 813−835.

［33］SUTHERLAND J. Insight into Adlerian Art Therapy: Through the Lens of Individual Psychology［M］. Chicago: Adler University, 2016.

［34］查尔斯·谢弗，唐娜·卡吉洛西. 游戏的力量：58种经典儿童游戏治疗技术［M］. 张琦云，吴晨骏，译. 北京：中国轻工业出版社，2022.

［35］吉尔·埃伦赖希-梅. 儿童和青少年情绪障碍跨诊断治疗的统一方案：治疗师指南［M］. 王建平，李荔波，等译. 北京：中国轻工业出版社，2022.

后记

　　书稿的圆满落笔，恰似一场静谧而庄严的仪式，它超越了文字的堆砌，凝聚了心灵的深度与智慧的火花。在艺术疗愈的广阔天地间，我深刻体会到艺术那无垠的想象力与不竭的力量，它如同浩瀚星河，引领着心灵探索未知的彼岸。此刻，指尖轻触这最终篇章，心中涌动的情感宛如初升朝阳，温暖而充满对未来的憧憬。

　　追溯这段创作之旅的起点，它发轫于2023年《艺术疗愈概论》的市场回响与同道中人的鼓舞。每一次讲座的落幕、工作坊的圆满结束，乃至课堂上学生不经意的提问，都是推动我撰写这部实践导向教学案例集的强大动力。近二十载的教学相长与咨询实践，与学生们共度的日日夜夜，仿佛自然界的低语与梦境的描绘，悄无声息间在心田播撒下探索的种子。这颗种子，历经时间的滋养与考验，终在今日绽放出这本书的芬芳，它是我对艺术疗愈领域的深刻洞察，也是内心情感与思想的真挚流露。

　　在书写的征途中，我并非孤军奋战于文字的荒漠，而是与一群志同道合的伙伴并肩前行，共同追寻心灵的绿洲。每一次迷茫后的顿悟，都是夜空中最耀眼的星辰，指引我穿越迷雾，找到前行的方向。家人、朋友、同事、学生以及远方未曾谋面的资料提供者，他们如同璀璨星辰，照亮我的世界，给予我无尽的温暖与力量。他们的陪伴与支持，让这段创作之旅充满了温馨与力量，也让我倍加珍视这份凝聚众人心血的成果。

特别值得一提的是，在本书精心编纂的过程中，孙彧老师以其深厚的专业知识，撰写了第四课"一颗种子的穿越之旅"，贡献了第八课关于"PERMA"理论模型的工作坊内容，以及第九课中针对失落与悲伤议题的艺术疗愈团体辅导方案。张菁老师则在第三课中，引领我们深入探索生命的孤独与丰富之间的微妙平衡，通过进阶式的讨论，引导我们在生命的更深层次遇见自我，强调在自我成长的同时，亦需细心呵护内在需求。这一课还精选了部分学生的作品，为理论增添了鲜活的实践例证。刘嘉老师在第六课情绪与情感的主题中，深刻剖析了情感、情绪与思维、行为及身体之间的相互作用机制，并通过分享活动参与者的图片与心得，生动展现了艺术疗愈活动的深远意义与实际成效。钢琴艺术家隋歆老师不仅为本书的音乐会部分贡献了原创作品，还亲自参与了音乐会的钢琴演奏，以其精湛的技艺为全书增添了艺术之美。黄昊玥与戴彧两位老师作为本书的编辑核心成员，付出了极大的努力。她们不仅严谨地梳理了各章节的逻辑结构，进行细致的文字校对，还精心挑选与设计配图，通过视觉艺术的强化与补充，极大地提升了全书的可读性和观赏性，使得内容更加生动、直观、易于理解。在此，我们还要对姚玉红教授、李娜老师等在"生命的省思"课程教学过程中的积极参与和宝贵建议表示衷心的感谢。正是得益于这些同仁们的鼎力支持与无私奉献，本书内容才得以丰富多元，见解独到深刻。在此，我们一并致以最诚挚的谢意。

随着本书的即将面世，我内心满怀感激与憧憬。感激所有陪伴我走过这段旅程的人，是你们的信任与支持，让我有勇气将艺术疗愈的理论与实践案例化作纸上墨迹；同时，我也满怀期待地迎接那些即将翻开本书的读者，愿你们能在字里行间感受到艺术疗愈的魅力，获得觉察、理解、顿悟、悦纳与成长的启示，更希望它能成为艺术疗愈领域同仁们的参考工具书。

展望未来，我深知学无止境，自我成长之路漫长且充满挑战。但我坚信，只要心怀梦想，笔下充满情感，就能继续在文学的田野上耕耘，书写更多属于自己的精彩篇章。愿这本书如同一盏明灯，照亮每一位读者前行的道路；也愿我在未来的日子里，继续以笔为桨，以梦为帆，勇敢驶向那片更加辽阔、深邃的知识海洋。

在后记的尾声，我愿以"书海无涯，心有归处"作为结语，愿我们都能在浩瀚的艺术疗愈海洋中，找到属于自己的心灵港湾，享受那份宁静与美好。

2024 年 10 月